O Jogo de Búzios
no Ritual de
Almas e Angola

Dados Internacionais de Catalogação na Publicação (CIP)
(Câmara Brasileira do Livro, SP, Brasil)

Martins, Giovani
   O jogo de búzios no Ritual de Almas e Angola: orixás, numerologia, técnicas, rezas e ebós/Giovani Martins; coordenação editorial: Diamantino Fernandes Trindade. – 1ª ed. – São Paulo: Ícone, 2013.

   Bibliografia.
   ISBN 978-85-274-1213-1

   1. Jogo de búzios. 2. Orixás. 3. Umbanda (Culto). I. Trindade, Diamantino Fernandes. II. Título.

12-10149   CDD-133.322

Índices para catálogo sistemático:

1. Jogo de búzios: Artes divinatórias   133.322

O Jogo de Búzios
no Ritual de Almas e Angola

Orixás, Numerologias, Técnicas, Rezas e Ebós

GIOVANI MARTINS

Coordenação editorial
Diamantino Fernandes Trindade

1ª edição
Brasil – 2013

Ícone editora

© Copyright 2013
Ícone Editora Ltda.

Coordenação editorial
Diamantino Fernandes Trindade

Projeto gráfico, capa e diagramação
Richard Veiga

Fotos e ilustrações
Acervo da Tenda Espírita Caboclo Cobra Verde

Revisão
Juliana Biggi

Proibida a reprodução total ou parcial desta obra, de qualquer forma ou meio eletrônico, mecânico, inclusive por meio de processos xerográficos, sem permissão expressa do editor (Lei nº 9.610/98).

Todos os direitos reservados à:
ÍCONE EDITORA LTDA.
Rua Anhanguera, 56 – Barra Funda
CEP 01135-000 – São Paulo – SP
Tel./Fax.: (11) 3392-7771
www.iconeeditora.com.br
iconevendas@iconeeditora.com.br

OPELÉ-IFÁ

*Ifá ou Orunmilá é o
Deus da adivinhação.
Suas vestes são brancas e
usa o opelê para responder às
perguntas no jogo das adivinhações.*

Agradecimentos Especiais

(IN MEMORIAM)

A **Mãe Tereza – Maria Tereza Bonete Martins** (Dirigente da Tenda Espírita Caboclo Cobra Verde – TECCV em São José/SC de 1988 a 2006), minha mãe, o carinho e penhor de estima por ter estado presente em todas as etapas desta pesquisa, incentivando e abrindo-me as portas da TECCV para que lá pudesse viver *in loco* o cotidiano do Ritual de Almas e Angola.

A eterna **Mãe Ida – Guilhermina Barcelos** (Fundadora e dirigente da Tenda Espírita São Jerônimo em Florianópolis/SC), a quem agradeço pelas longas horas de ensinamentos e principalmente por ter-me aberto seu acervo, por meio do qual percebi a dimensão e importância do Jogo de Búzios para a cultura e religiosidade afro-brasileira.

Sumário

Apresentação, 13

1. O RITUAL DE ALMAS E ANGOLA, 17
   1.1. Pequeno Histórico, 19
   1.2. Os Orixás e as Entidades Espirituais, 21
   1.3. Oferendas aos Orixás, 28
   1.4. Limpezas Espirituais, 41
      1.4.1. O Sacudimento, 44
      1.4.2. O Ebó Branco, 45

2. O JOGO DE BÚZIOS, 47
   2.1. A Numerologia no Jogo, 49
      2.1.1. A Técnica dos Odus, 59
      2.1.2. A Técnica dos Barracões, 73
      2.1.3. Os Portais Sagrados, 79
   2.2. A Reza do Jogo, 80
   2.3. Ebós para o Jogo, 84

Pequeno Dicionário Afro-Religioso, 99
Considerações Finais, 113
Referências Bibliográficas, 115
O Autor, 117

Apresentação

Orunmilá Ago Ifá
Ifá Ago Orunmilá

É com a licença de Orunmilá-Ifá, o senhor dos destinos e de Exú, o mensageiro, que iniciamos estas linhas para falar desta obra, que constitui luminosa contribuição para o "caminhar" do ser humano pelos muitos caminhos de sua jornada evolutiva neste planeta.

Vem de tempos longínquos o interesse do ser humano em desvendar e entender os objetivos de sua trajetória no plano terrestre. Desde a antiguidade, os povos que habitavam a Terra tinham em comum ao homem moderno a curiosidade sobre o seu destino. Muitas foram as civilizações que criaram diversos modos de entrar em contato com o Divino, com o Sagrado, no afã de obter respostas para seu viver incerto. A cada tentativa, homens e mulheres estabeleciam canais de comunicação com o mundo espiritual sem, de forma sistemática, compreender que assim o faziam. Esses caminhos serviriam de base para que pouco a pouco se aprimorasse a interação entre o plano físico e o espiritual.

O amadurecimento espiritual do planeta e seus habitantes possibilitaram o aperfeiçoamento das comunicações espirituais e o exercício da mediunidade promoveu mais uma forma de intercâmbio, tendo como instrumento amoroso o médium. Paralelamente ao exercício da mediunidade, os oráculos continuaram a ter sua função de ponte com o espiritual, agora especialmente apoiados na força segura da intuição.

Entre os mais variados oráculos existentes temos o jogo de búzios, oráculo do panteão africano fortemente relacionado à figura de Ifá. Tal instrumento de amor e auxílio fraterno nos coloca diante da força dos orixás, que, com alegria e disposição em auxiliar, aproximam o homem de sua verdadeira caminhada, a da evolução.

Mãos abençoadas que seguram firmemente as conchas de cauris, popularmente conhecidas como búzios, ao invocar o auxílio ancestral, colocam-nos sob orientação das divindades. Ao abrir o portal da esperança e da autoestima, nos recolocam no caminho ao qual nos propusemos a trilhar. Assim, este livro deve ser estudado, seja o leitor iniciado ou não no culto aos orixás, como campo de possibilidades no auxílio fraterno, um lampejo que aquece os tempos frios de nossa existência.

Vem do mar as pequenas conchas que, no lendário dos orixás, continham os segredos da criação. E são esses segredos que o oráculo possibilita serem desvendados, sempre como possibilidade de crescimento espiritual.

O destino é de responsabilidade de cada um. As forças superiores a nós são sempre solicitadas para a solução de problemas do cotidiano, porém nos orientam nossos guias espirituais, pretos velhos, caboclos, guardiões, erês e tantos outros que nosso amanhã será o resultado das escolhas que fizemos ontem e confirmamos no presente, com nossas atitudes. Portanto, a energia luminosa de Orunmila-Ifá deve ser entendida como a possibilidade de recolocar o ser humano na condução de sua própria vida.

Esta obra tem o intuito de permitir o conhecimento sobre o intercâmbio por meio das conchas do conhecimento, para equilibrar a vida em suas múltiplas possibilidades.

Forte axé e boa leitura!

NEOM
Núcleo de Estudos e Orientação Mediúnica
Tenda Espírita Caboclo Cobra Verde

Primeira Parte

O Ritual de Almas e Angola

1.1. Pequeno Histórico

Em 2006, quando escrevi o primeiro livro envolvendo o tema religiosidade afro-brasileira, fui movido pela vontade de compartilhar com os leitores um importante material sobre a Umbanda de Almas e Angola, praticada no estado de Santa Catarina.

Na época, a inexistência de bibliografias envolvendo o tema serviu como fator decisivo, impulsionando-me a entregar aos leitores um dos mais completos livros, tornando-se, naquele momento, referência para todos os praticantes do ritual.

Na realidade, o Ritual de Almas e Angola surgiu no estado do Rio de Janeiro na década de 1930 e chegou a Florianópolis (SC) no início da década de 1950. Na época, foi fortemente combatido por adeptos da Umbanda Tradicional, que desde 1940 era praticada no Estado de Santa Catarina. Mas ganhou forças e se expandiu nas décadas de 1980, 1990 e 2000.

Inicialmente praticada por Guilhermina Barcelos (Mãe Ida de Xangô) no município de Florianópolis (SC) e posteriormente codificada por Evaldo Linhares (Pai Evaldo de Oxalá) no município de São José (SC), Almas e Angola caracteriza-se por cultuar os Orixás Africanos mantendo forte a ritualística das obrigações de camarinhas e os trabalhos envolvendo as Entidades Espirituais, a exemplo dos Caboclos e dos Pretos Velhos.

Praticada também em outros municípios de Santa Catarina como Palhoça, Santo Amaro da Imperatriz, Paulo Lopes, Biguaçu, Governador Celso Ramos, Laguna, Piçarras, São João Batista, Lages, entre outros, o Ritual vem conquistando cada vez mais espaço e número de adeptos.

Nos demais estados brasileiros são poucos ou inexistentes os terreiros que praticam o Ritual de Almas e Angola, cabendo a Santa Catarina o título de principal estado a praticar esse importante seguimento afro-religioso.

Da esquerda para a direita Mãe Tereza, Mãe Ida e Pai Evaldo
na Tenda Espírita Caboclo Cobra Verde/1998.

1.2. Os Orixás e as Entidades Espirituais

O Ritual de Almas e Angola, seguindo os passos da Umbanda Tradicional, possui uma Trindade Divina, formada por um Deus Maior chamado de Olorum ou Zambi, criador do universo; por divindades denominadas Orixás, que estão representados no panteão africano, e por Entidades espirituais ou Guias, considerados espíritos de luz.

Na categoria de divindades, os Orixás estão divididos atualmente em nove manifestações: Oxalá, Nanã, Xangô, Yemanjá, Oxóssi, Oxum, Ogum, Inhasã e Obaluaê.

As Entidades espirituais ou Guias agrupam-se em: Beijadas, Caboclos, Pretos Velhos e Exus/Pombagiras. Na categoria Exu/Pombagira estão incluídos os Ciganos; na dos Caboclos estão inseridos os Boiadeiros; na dos Pretos Velhos, os Baianos. Outras manifestações, menos frequentes, podem também ser encontradas em Almas e Angola, a exemplo do Povo do Oriente, que muitas vezes se manifesta em sessões especiais, quando identificado e aceito pelo dirigente do Terreiro.

Vejamos algumas características dos Orixás e das Entidades espirituais comuns em Almas e Angola:

› **OXALÁ:** É considerado o pai de todos os Orixás, o Senhor da Vida. No panteão africano é a maior divindade entre os Orixás. Apresenta-se em duas formas no Ritual de Almas e Angola:
  - **Oxaguiã:** É o nome dado ao Oxalá moço. É considerado calmo; entretanto, tem sua característica guerreira e intempestiva. Seus filhos são meticulosos e determinados. Sua relação natural é com o sol nascente.

- **Oxalufã:** É o nome dado ao Oxalá velho. É um Orixá muito pacífico, compreensivo e justo, que zela pela paz. Está relacionado ao sol poente.
  Saudação: Êpa, Êpa Babá! Oxalá meu Pai!

› **NANÃ:** Vista como um Orixá severo, incapaz de fazer brincadeiras, cabe a ela limpar a terra, recolher e encaminhar os mortos, que, por seu intermédio, serão modificados para novamente nascer. Considerada a yabá mais velha do panteão africano, em alguns cultos ocupa uma posição hierárquica que se aproxima de Oxalá.
  Saudação: Saluba Nanã Burokê! Saluba Vovó!

› **XANGÔ:** É o Senhor da Justiça. Em todas as lendas figura com *status* de rei, seu nome está associado à força e ao poder absoluto. É o Orixá do trovão, sendo também responsável pelo elemento fogo. Com toda esta responsabilidade, não usurpa o poder de patriarca das mãos de Oxalá. A sua imagem também está associada à vaidade e à elegância. Seus filhos são ousados, gesticulam e falam muito alto, além de possuírem um senso de justiça muito forte.
  Saudação: Caô Cabiecile! Obá nixé caô!

› **YEMANJÁ:** A mais famosa das yabás possui seu princípio na África como a deusa da água doce, dona de um rio, porém, no Brasil acabou sendo identificada com a água salgada, por ser também a mãe dos peixes. Por isso, em toda a passagem de ano, é reverenciada em quase todo o Brasil. Seu jeito maternal, seu corpo grande, com seios destacados e seu temperamento doce ajudam a estabelecer a imagem de mãe, firme, bondosa e toda voltada aos seus filhos. É capaz de gestos suaves e ao mesmo

tempo firmes. Segundo a mitologia africana é a mãe de Ogum, Oxóssi e Exu.
Saudação: Odô-ia! Odô-ia minha Mãe!

> **OXÓSSI**: Segundo as lendas é filho de Yemanjá e Oxalá, estando fundamentalmente ligado à caça e aos animais selvagens. Com o irmão Ogum tem em comum o gosto pela vida ao ar livre, o culto ao próprio individualismo e a determinação para qualquer combate. Porém, enquanto Ogum se sentia livre quando trilhava as estradas em busca de novos reinos para conquistar, Oxóssi preferia lutar sozinho contra as feras da floresta, providenciando alimento para a tribo. Assim, como caçador típico, ele é calmo, silencioso e gosta de solidão. Em Almas e Angola ele chefia a linha dos Caboclos e é tido como o Rei das Matas.
Saudação: Okê Aro! Okê Oxóssi! Okê Odé!

> **OXUM**: É a Senhora do Ouro e da vaidade. Dá aos filhos o dom da adivinhação e tem uma natureza calma e bondosa. É agraciada com o símbolo do amor, sua função é a de dar fertilidade aos homens e à natureza. Suas energias emanam das cachoeiras e dos rios. Seus filhos geralmente são ciumentos e elegantes, dando muita importância à aparência e à vaidade. É o Orixá que traz a riqueza espiritual, pois impulsiona a dinâmica da fertilização.
Saudação: Ora Yê Yê-ô! Ora Yê Yê-ô minha Mãe!

> **OGUM**: Considerado o Orixá das guerras e das demandas, é um dos mais populares no Brasil, sendo o seu arquétipo o das pessoas energéticas, de temperamento facilmente explosivo. É considerado o Senhor dos Ferros, devido a sua proximidade com as questões bélicas. Em Almas e Angola é o Orixá da estrada, do caminho. Embora tenha grande paixão pela conquista de novos

territórios, dispensa de bom grado o exercício do poder e a ordem hierárquica. Seus filhos são ótimos amigos e companheiros.
Saudação: Patacorê Ogum! Ogum Iê!

> **INHASÃ**: É a deusa dos ventos. Junto com Xangô é capaz de promover as mais terríveis tempestades. É incontrolável, terrível na cólera, fantasticamente alegre no amor e no profundo prazer que tem de viver. Arquetipicamente corresponde a uma versão feminina de Ogum, pois é orgulhosa, determinada e inabalável em seus propósitos e atitudes. É honesta em suas declarações e visceral em todas as suas manifestações. A alegria é sua marca principal, assim como a sua sociabilidade. Também está ligada aos eguns, pois é ela que os comanda.
Saudação: Eparrei Oyá! Eparrei minha Mãe!

> **OBALUAIÊ**: Da mesma forma que Oxalá, apresenta-se em duas formas: Obaluaê – é o nome dado à forma jovem. Omulu – é a sua representação na forma mais velha. Ambos têm sua magia envolta na calunga pequena, ou seja, no cemitério. Em Almas e Angola é o Senhor da Morte, aquele Orixá que possibilita a transição entre o mundo visível e o invisível. Considerado um Orixá de extrema bondade, tem filhos sensíveis, honestos e geralmente vulneráveis às doenças. É considerado o médico dos pobres.
Saudação: A Tô Tô! Ajuberú Sapatá! A Tô Tô meu Pai!

> **BEIJADA (crianças)**: São os "Orixás gêmeos" e, por terem forma de crianças, estão associados a brincadeiras e guloseimas. Possuem dentro de si todo o sentido da dualidade. Em Almas e Angola são considerados os responsáveis pelo princípio da vida e estão ligados a sementes, nascente etc. Sua função é a de dar

recados, alegrar os corações, diminuir as tensões e ajudar nos problemas difíceis.
Saudação: Oni de Beijada!

> **CABOCLO**: São símbolos de força e determinação. Representam as entidades que trazem a sabedoria por meio dos conselhos de elevação moral. Muitos deles foram grandes sacerdotes da primeira raça vermelha, grandes magos e sábios que utilizavam os segredos contidos na natureza. Em Almas e Angola são as entidades que trazem as mensagens e direcionam os trabalhos dentro dos Terreiros.
Saudação: Okê Caboclo!

> **PRETO(A) VELHO(A)**: Também chamados de Pais ou Mães Velhos, representam a sabedoria na forma da experiência, bondade, paciência e a calma de quem já viveu e tem muito a dizer. Possuem a humildade adquirida através de um grande esforço, de grandes provas experimentadas durante a fase da escravidão. Suas energias emanam no cruzeiro das Almas.
Saudação: Adorei as Santas Almas!

> **EXU E POMBAGIRA**: Sem dúvida, são as figuras mais controvertidas do panteão afro-brasileiro. Associado por muitas pessoas ao diabo-cristão, Exu — o brincalhão do astral — está, na verdade, submetido a outras divindades, fazendo ligação entre o mundo dos homens e a dimensão dos deuses. É ele quem leva aos demais Orixás os pedidos e as oferendas dos seres humanos, sendo imprescindível nos rituais afro-brasileiros. Segundo as lendas, é filho de Yemanjá e Oxalá, e irmão do guerreiro Ogum. Foi ele quem libertou Oxum quando esta se achava presa por ordem do ciumento Xangô. As oferendas dirigidas a Exu devem, de preferência, ser feitas na segunda-feira, pois é também o guardião dos Terreiros.

Tem como seu feminino a figura das Pombagiras. Suas energias emanam das encruzilhadas, calungas, porteiras, entradas e saídas. Saudação: Laroiê Exu! Laroiê Pombagira!

Para os seguidores do Ritual de Almas e Angola, os Orixás dividem-se em duas categorias: Orixá Maior e Orixá Menor.

Orixá Maior é aquela energia que faz com que a natureza tenha movimento, se transforme e gere vida. É a essência da Vida.

Por exemplo, Oxalá é o Senhor da Vida, Yemanjá é responsável pela formação e manutenção da vida marinha. Xangô é o responsável pela energia do trovão que desencadeia as tempestades que limpam a atmosfera. Nanã limpa a Terra das negatividades, Inhasã é a responsável pela limpeza do ar atmosférico, e com seus ventos espalha a vida. Oxum é a deusa da fertilidade, Oxóssi, o provedor da caça e dos alimentos e Ogum que representa a própria luta pela sobrevivência. Obaluaê é considerado o Senhor da Morte, representa o fim do ciclo aqui na Terra.

O Orixá Maior é pura energia, não passou pelo processo de encarnação como os seres humanos. Ele é essência elementar, é força vital que tem origem em Olorum e que faz com que a mecânica do universo oscile entre o caos e a ordem, gerando vida e movimento. Eles são chamados apenas pelo primeiro nome, Oxalá, Nanã, Xangô, Yemanjá, Oxóssi, Oxum, Inhasã, Ogum, Obaluaê ou Omulu. O Orixá Maior é uno e onipresente.

Orixás Menores são aquelas Entidades espirituais que fazem a mediação entre o ser humano e o Orixá Maior. São, conforme as diversas lendas africanas, espíritos que possuem um alto grau de evolução e que baixam nos Terreiros somente em sessões destinadas aos Orixás. São também chamados Eguns dos Orixás ou Entidades de Orixá.

O Orixá Menor possui o mesmo nome do Orixá Maior, acompanhado de um sobrenome. Por exemplo, Ogum Beira-Mar, Yemanjá

Sobá, Oxóssi Caçador. A este segundo nome chamamos de dijina do Orixá. Assim, podemos ter vários Oguns, Xangôs, Oxóssis, Yemanjás etc.

Os Orixás Menores são espíritos dotados de forças concedidas pelo Orixá Maior, e que por isso possuem uma grande luz e compreensão espiritual. É isto que diferencia os eguns, os eguns dos Orixás e os kiumbas. Os primeiros são os próprios antepassados, ou seja, nossos ancestrais; os segundos representam os espíritos dotados de força cósmica e muita luz e os terceiros são espíritos de mortos que ainda não alcançaram a luz espiritual nem compreendem que já vivem em outra dimensão, e que seu corpo carnal não mais existe.

A energia do Orixá Menor também provém de Olorum; entretanto, ela é canalizada a ele através do Orixá Maior, que é o elo entre eles. Da mesma forma que o Orixá Menor é o elo entre o ser humano e o Orixá Maior.

O Orixá Maior pode ser comparado grosseiramente a uma válvula que regula o fluxo de energia entre Olorum e o Orixá Menor, podendo dessa forma reduzir, aumentar ou até mesmo retirar os poderes do Orixá Menor.

O culto do Orixá Menor está ligado ao antigo culto dos antepassados, e que nos foi legado pela cultura banto, enquanto o culto ao Orixá Maior está ligado às forças da natureza e nos foi trazido pelos sudaneses.

Tabela 1: Dias, cores e símbolos dos Orixás

Orixá	Cor	Símbolo	Dia
Oxalá	branco leitoso	cruz com raios, paxorô	sexta-feira
Yemanjá	azul-claro	estrela, peixe, mar etc.	sábado
Ogum	vermelho	espada, bandeiras etc.	terça-feira
Nanã	lilás e roxo	ibiri e coração	segunda-feira

Orixá	Cor	Símbolo	Dia
Xangô	marrom	machado alado e pedra	quarta-feira
Inhasã	amarelo e laranja	raio (relâmpago) e espada	quarta-feira e sábado
Oxóssi	verde	arcos, flechas, penas etc.	quinta-feira
Oxum	azul, amarelo e ouro	abebê, cachoeira e lua crescente	sábado
Obaluaê Omulu	branco e preto	xaxará, cruz e palha da costa	segunda-feira
Beijada	azul e rosa	brinquedos	domingo
Preto Velho	preto e branco	cruzeiros, rosário etc.	segunda-feira
Caboclo	verde e branco	arco, flechas, penas etc.	quinta-feira
Exu	preto e vermelho	tridentes, encruzilhadas etc.	segunda-feira
Pombagira	preto e vermelho	tridente, rosa vermelha etc.	segunda-feira

Fonte: Tenda Espírita Caboclo Cobra Verde, 1994.

1.3. Oferendas aos Orixás

Como forma de agradar as Entidades espirituais e os Orixás, as oferendas são verdadeiros presentes que se oferecem em cumprimento de uma obrigação ou pagamento de um favor alcançado, ou ainda, nos casos de se desejar conseguir algum benefício. Podemos dizer que a oferenda é um ato piedoso de fé, de submissão e confiança e por isso tornou-se uma das características que marcam os rituais afro-brasileiros.

Entre as inúmeras oferendas destinadas às Entidades espirituais e aos Orixás, estão incluídas as comidas de santo. São pratos feitos pelas cozinheiras do santo e vão desde a canjica dedicada a Oxalá, passando pelo acarajé de Inhasã até chegar ao pirão com peixe dedicado aos Pretos Velhos, de acordo com a Tabela 2.

Acompanhando a comida de santo, são também oferecidas a bebida correspondente, conforme a Tabela 3, e uma vela, inicialmente dispostas em mesa especial no centro do Terreiro e entregues mediante a batida dos tambores e a entonação de cânticos destinados aos Orixás.

Tabela 2: Orixá e comida correspondente

Orixá	Comida correspondente
Oxalá	Canjica coberta com algodão.
Yemanjá	Canjica enfeitada com nove camarões cozidos.
Nanã	Canjica coberta com folha de bananeira.
Xangô	Rabada com polenta (feita no dendê).
Ogum	Costela ou bagre assado enfeitado com rodelas de batata, cebola e farofa (feito no dendê).
Oxum	Creme feito com feijão fradinho amassado, coberto com ovos cozidos e enfeitados com folhas de alface.
Oxóssi	Milho verde e amendoim regado com azeite doce, coberto com coco ralado e enfeitado com morango.
Inhasã	Acarajé coberto com molho de camarão.
Obaluaê/ Omulu	Arroz branco coberto com pipoca e enfeitado com fatias de pão de trigo regadas de dendê.
Beijada (Crianças)	Mingau enfeitado com cocadas e balas coloridas.
Preto Velho	Pirão de peixe coberto com postas de corvina frita.

Orixá	Comida correspondente
Caboclo	Moranga com milho vermelho e amendoim regado com mel e enfeitado com fatias de coco.
Exu/ Pombagira	Farofa de dendê coberta com um bife acebolado (cebola roxa) e enfeitado com rodelas de limão e lima.

Fonte: Tenda Espírita Caboclo Cobra Verde, 2001.

Oxalá

Ingredientes:
- ½ kg de canjica
- 3 claras
- 1 pedaço de algodão fino cortado na forma de prato
- ½ colher de mel

Modo de Preparo: Cozinhe a canjica. Após cozida, deixe esfriar e escorra. Bata as claras em neve, até ficarem bem firmes. Coloque a canjica já fria em uma tigela branca cruzada com pemba branca e banha de ori. Cubra a canjica com a clara batida em neve e coloque o algodão para cobrir. Acompanham o prato a bebida correspondente e uma vela branca.

Nanã

Ingredientes:
- Canjica cozida
- Folha de bananeira
- 13 camarões pequenos (pré-cozidos)

Modo de Preparo: Cozinhar a canjica e esperar esfriar para depois escorrer. Depois de fria, colocar em uma tigela branca cruzada com pemba branca e banha de ori. Após colocar a canjica no prato, cobre-se com a folha de bananeira. Por último colocam-se sobre a folha de bananeira os 13 camarões, enfeitando em formato de coração. Acompanham o prato a bebida correspondente e uma vela branca.

▶ Xangô

Ingredientes:
- 12 pedaços de peito de boi sem gordura
- 7 pimentas da costa moídas
- 1 pitada de sal
- 2 cebolas de cabeça picada
- 3 kg de quiabo
- 2 pedaços pequenos de gengibre socado no pilão
- 200 gramas de amendoim torrado sem casca moído no pilão
- 100 gramas de camarão seco inteiro
- 100 gramas de castanha
- Azeite de dendê

Modo de Preparo: Tempere o peito com sal, a pimenta-da-costa e a cebola de cabeça. Aqueça o azeite de dendê e ponha os pedaços de peito para dourar. Quando estiverem assados, reserve. Lave os quiabos um a um e seque-os em pano branco. Corte as pontas do quiabo (inclusive e parte de cima) e pique em pedaços bem pequenos. Reserve 12 quiabos inteiros para enfeitar o prato. Coloque o quiabo picado em um alguidar e ponha um pouco de azeite, depois bata bem para tirar a "baba". Leve a panela com a carne ao fogo e acrescente o amendoim, o gengibre, a castanha, o camarão seco e o quiabo picado, refogue mais um pouco e estará pronto. Cruze com pemba branca e banha de ori e coloque o refogado em uma gamela de madeira. Os pedaços de carne devem ser colocados por cima. Enfeite o prato com os quiabos inteiros. Acompanha a bebida correspondente e uma vela branca.

Obs.: Outro prato muito comum para Xangô é a rabada com polenta.

▶ Iemanjá

Ingredientes:
> Canjica cozida
> 9 camarões grandes cozidos
> Salsinha a gosto para enfeitar

Modo de Preparo: Coloque a canjica cozida, depois de escorrida em uma tigela branca previamente cruzada com pemba branca e banha de ori. Reserve um pouco dessa canjica para preparar um creme que deverá ser colocado por cima da canjica cobrindo todo o prato. Para enfeitar são colocados 9 camarões grandes cozidos e algumas folhas de salsinhas. Acompanham o prato a bebida correspondente e uma vela branca.

▶ Oxóssi

Ingredientes:
> 6 espigas de milho grandes
> ½ kg de amendoim descascado
> Azeite doce
> 1 coco cortado em fatias
> Morangos para enfeitar

Modo de Preparo: Cozinhe as espigas de milho ou corte os grãos antes de cozinhar. Dê uma rápida fervura no amendoim. Depois de frios, coloque em uma tigela em camadas. Primeiro o milho, depois o amendoim e por último o azeite doce. Depois das camadas, cubra todo o prato com coco ralado. Por último acrescente seis fatias de coco e alguns morangos para enfeitar. Acompanham o prato a bebida correspondente e uma vela branca.

Oxum

Ingredientes:
- Feijão-fradinho
- 5 ovos brancos
- Camarão pequeno cozido ou camarão seco
- 1 cebola de cabeça

Modo de Preparo: Cozinhe o feijão-fradinho com a casca. Depois de cozido o feijão, misture o camarão com uma cebola ralada e coloque tudo em uma tigela branca. Sobre o feijão, deve-se acrescentar cinco ovos cozidos e descascados. Acompanham o prato a bebida correspondente e uma vela branca.

Obs.: Em outro prato de Oxum o feijão é descascado e amassado, sendo acompanhado também por cinco ovos e folhas de alface para enfeitar.

Ogum

Ingredientes:
- 1 bagre grande ou 1 costela com 7 ossos
- 1 kg de batata inglesa
- 1 kg de cebola
- 1 kg de farinha de mandioca

- › 3 pimentas-da-costa
- › Azeite de dendê
- › 1 pitada de sal

Modo de Preparo: Limpe o bagre sem cortar as barbatanas e sem cortá-lo. As "tripas" devem ser retiradas pela cabeça, utilizando-se as mãos e sem cortar o peixe. Depois de limpo, tempera-se com um pouquinho de sal e as três pimentas-da-costa moídas. Unte o peixe todo com azeite de dendê e leve ao forno para dourar. Enquanto assa, corte as batatas e as cebolas em rodelas e frite no azeite de dendê, deixando-se esfriar, aproveitando o azeite de dendê para fazer uma farofa. Em uma travessa grande de porcelana, cruzada com pemba branca e banha de ori, coloca-se a farofa, e por cima o bagre. Em volta são colocadas as batatas e as cebolas untadas com azeite de dendê. Acompanham o prato a bebida correspondente e uma vela branca.

Obs.: O mesmo procedimento deve ser realizado com a costela.

Inhasã

Oferenda de acarajés para o Orixá Inhasã na Tenda Espírita Caboclo Cobra Verde/2011.

Ingredientes:
> Feijão-fradinho descascado e cru
> Camarão miúdo seco e moído
> Camarão fresco miúdo e camarão pré-cozido
> 11 ou 21 folhas de louro
> Cebolinha verde, salsinha, tomate e cebola (todos picados)
> Azeite de dendê

Modo de Preparo: Deixe o feijão-fradinho de molho em água comum para a retirada da casca, depois triture-o ou amasse-o. Depois, coloque-o sobre um pano branco e aperte para escorrer bem a água. Se necessário, pode-se bater bem o pano para retirar totalmente a água. Essa massa é colocada em um alguidar e mistura-se a ela o camarão seco moído, a salsinha e a cebolinha picadas. Misture bem os ingredientes fazendo bolinhos — acarajés — que, depois de prontos, serão fritos no azeite de dendê. Refogue os temperos: cebolinha, tomate, cebola, salsa e o camarão miúdo picado. Quando os ingredientes estiverem bem refogados, junte uma colher de maisena para engrossar o molho. A montagem do prato segue a seguinte sequência: Em uma travessa branca cruzada com pemba e penha de ori, coloca-se o molho. Por cima são colocados os acarajés, as folhas de louro e os camarões picados, que são salpicados por cima. Acompanham o prato a bebida correspondente e uma vela branca.

▶ Obaluaê

Ingredientes:
> Feijão-preto (300 a 400 gramas)
> Bistecas de porco em sete pedaços

- ½ cebola picada
- Azeite de dendê
- Sal

Modo de Preparo: Cozinhe uma pequena quantidade de feijão com pouca água, para quando estiver cozido não sobrar água. Antes de cozido tempere o feijão com a cebola picada e uma pitada de sal. Reserve, esperando esfriar. Tempere as bistecas com pouco sal e frite no azeite de dendê, também esperando esfriar. Cruza-se uma tigela com pemba e banha de ori, e coloca-se o feijão. As bistecas devem ser colocadas por cima para enfeitar o prato. Acompanham a bebida correspondente e uma vela branca.

Obs.: Outra comida para Obaluaê é a pipoca com arroz branco ao fundo e um pão de trigo regado com azeite de dendê.

▶ Beijada (Crianças)

Ingredientes:
- Leite
- Creme de arroz
- 1 colher de açúcar
- 21 cocadas brancas
- 1 pacote de bala de goma
- Morangos frescos

Modo de Preparo: Faça um pudim ou mingau com o leite e o creme de arroz e açúcar. Despeje-o em uma travessa cruzada com pemba branca e banha de ori. Espere esfriar para depois colocar todas as cocadas por cima. Por último, são colocados as balas e o morango para enfeitar. Acompanham o prato as bebidas correspondentes (três garrafas de guaraná) e três velas brancas.

▶ Preto Velho

Ingredientes:
- 1 corvina grande
- 3 pimentas da costa
- 1 pitada de sal
- 1 limão
- 1 cebola de cabeça
- 1 tomate
- Cebolinha verde e salsinha
- 300 gramas de farinha de mandioca
- Azeite de dendê

Modo de Preparo: Limpe a corvina, tirando só as escamas e as tripas. Tire as tripas pela cabeça sem cortar. Quando estiver limpa, corte em sete pedaços e tempere em um alguidar com as pimentas, sal e limão. Frite no azeite de dendê. Nesse mesmo azeite refogue a cebola de cabeça, o tomate, a cebolinha verde e a salsinha. Quando estiver bem refogado colocam-se os sete pedaços de corvina para refogar, acrescentando um pouco de água para ficar com caldo para o preparo do pirão. Feito o pirão, esse deve ser colocado em uma tigela cruzada com pemba branca e banha de ori. Por cima do pirão são colocados os sete pedaços da corvina. Acompanham o prato a bebida correspondente, uma vela branca, um cachimbo de barro, fumo e uma caixa de fósforos.

▶ Caboclos

Ingredientes:
- Uma abóbora-moranga
- Mel

- Milho vermelho cozido
- Amendoim
- Fatias de coco

Modo de Preparo: Faça uma abertura na parte superior e limpe a moranga tirando todas as sementes, depois dê-lhe rápida fervura. Cozinhe o milho e ferva rapidamente o amendoim. Depois de frios, coloque estes ingredientes dentro da moranga, em camadas. Primeiro o milho, em seguida o amendoim e por último o mel. Depois das camadas, cubra todo o prato com fatias de coco. Acompanham a bebida correspondente, uma vela branca, um charuto e uma caixa de fósforos.

Exu/Pombagira

Ingredientes:
- Carne bovina (um bife bem grande)
- Cebola roxa
- Limão
- Lima
- Azeite de dendê
- Farinha de mandioca

Modo de Preparo: Prepare uma farofa com farinha de mandioca e azeite de dendê e deixe-a reservada. Frite o bife no azeite de dendê, e no mesmo azeite refogue levemente a cebola roxa. Coloque em um prato de barro a farofa e por cima o bife coberto também com a cebola refogada, as rodelas de limão e a lima. Acompanham o prato a bebida correspondente, uma vela, charuto (Exu) e/ou cigarro (Pombagira) e uma caixa de fósforos.

As comidas de santo são em sua maioria entregues na sexta-feira, quando estiver sendo realizada a camarinha. Em todos os casos a lua deve estar na fase nova ou crescente, período em que os Orixás estão em plena sintonia com os filhos de santo. Ao entregar a comida no altar o médium deve bater cabeça ao Orixá e pedir que o axé seja derramado sobre todos os presentes, principalmente sobre aquele que está oferecendo a comida.

Antes de colocar no altar, o médium que está levando a comida na cabeça cruza todo o Terreiro e, dançando para o santo, faz seus pedidos e invocações.

Durante as primeiras 24 horas o Orixá suga toda a energia contida nas obrigações, repassando-a posteriormente em forma de axé para o médium que a ofertou e os demais envolvidos na cerimônia. Esse axé representa a reposição de energia, necessária e vital para o Terreiro.

Tabela 3: Bebidas aos orixás

Orixá	Bebida correspondente
Oxalá	Champanha branca
Yemanjá	Água mineral sem gás
Nanã	Água mineral sem gás ou água tônica
Xangô	Cerveja preta
Ogum	Cerveja branca
Oxum	Água mineral sem gás
Oxóssi	Vinho branco de mesa
Inhasã	Vinho *rosé*
Obaluaê/Omulu	Suco de laranja-lima
Beijada (Crianças)	Guaraná
Preto Velho	Vinho tinto

Orixá	Bebida correspondente
Caboclo	Vinho (branco) moscatel
Exu	Cachaça
Pombagira	Champanha *rosé* ou cidra

Fonte: Tenda Espírita Caboclo Cobra Verde, 2001.

Do início ao fim das oferendas, todos devem estar em sintonia. É indispensável durante a preparação das comidas o uso das guias, a roupa branca e a cabeça coberta também com lenço branco.

Na cozinha, durante toda a preparação fica acesa uma lamparina ou vela ao lado de um copo d'água, deixando o ambiente espiritualizado e atraindo dessa forma energias positivas. Ainda na preparação as cozinheiras cantam pontos dedicados aos Orixás, evitando, dessa forma, qualquer pensamento que não seja direcionado aos Deuses africanos.

Antes de colocar as comidas em suas respectivas tigelas ou travessas a cozinheira do santo faz o cruzamento com pemba branca e obedecendo à mesma disposição banha de ori, adicionando também um pouco de mel e feijão-fradinho amassado em forma de pasta no fundo do prato. Nesse cruzamento são feitas cinco cruzes dentro da tigela, sendo uma no centro e as outras quatro ao redor, e outras cinco na parte externa. Durante o cruzamento são pronunciadas palavras sagradas, e somente após esse procedimento é que as comidas são colocadas dentro de cada tigela.

Além das comidas preparadas na cozinha de santo, são entregues aos Orixás alguns tipos de frutas, conforme a Tabela 4. Essas frutas acompanham as comidas de santo no altar e são oferecidas numa bandeja ou em cesta devidamente enfeitada.

Introduzido no Ritual de Almas e Angola e complementando o ofertório às Entidades espirituais e aos Orixás, é entregue também no altar um prato contendo acaçás brancos e/ou amarelos aos Orixás.

A entrega de flores também completa o ofertório aos Orixás. São rosas, crisântemos, flores do campo, palmas etc. que embelezam o altar, a cachoeira ou a praia, principais redutos dos Orixás africanos.

Tabela 4: Frutas aos orixás

Orixá	Tipo(s) de fruta(s)
Oxalá	Uva itália
Yemanjá	Pêra-d'água
Nanã	Melão
Xangô	Maçã verde
Ogum	Coco
Oxum	Banana-d'água ou caturra
Oxóssi	Milho verde ou frutas variadas
Inhasã	Manga
Obaluaê/Omulu	Laranja-lima ou abacaxi
Beijada (Crianças)	Morango
Preto Velho	Fruto do café
Caboclo	Milho vermelho ou frutas variadas
Exu/Pombagira	Cana-de-açúcar, lima e limão

Fonte: Tenda Espírita Caboclo Cobra Verde, 2001.

1.4. LIMPEZAS ESPIRITUAIS

As limpezas espirituais são muito comuns nos cultos afro-religiosos brasileiros. Representam uma forma de purificação e afastamento das negatividades que muitas vezes se acumulam ao longo da vida. Para as pessoas que pretendem ingressar nos terreiros, essas limpezas são extremamente importantes e necessárias.

No Ritual de Almas e Angola, as limpezas espirituais mais comuns são o sacudimento e o ebó branco. Porém, das duas, a mais antiga e que acompanha o Ritual de Almas e Angola desde sua origem no Rio de Janeiro (RJ) até os dias de hoje é o sacudimento. Já o ebó branco foi introduzido ao ritual na década de 1990, pelas mãos de Guilhermina Barcelos (Mãe Ida de Xangô), e serve para a limpeza espiritual dos filhos de santo e demais pessoas que participam ativamente das sessões e dos trabalhos comumente realizados.

Outros tipos de limpezas espirituais também são utilizados pelos adeptos de Almas e Angola, a exemplo dos banhos de descarga que utilizam as chamadas ervas sagradas, conforme mostra a Tabela 5.

Tabela 5: As ervas sagradas e suas aplicações

Ervas sagradas	Aplicações dentro do ritual de almas e angola
Alecrim	O chá é empregado como antiespasmódico, antisséptico, diurético, carminativo e contra dores de estômago. Utilizado em banhos de descarga, e no amaci tem a função de reposição energética.
Alfazema	Analgésica, anti-inflamatória, antisséptica e cicatrizante. Utilizada em banhos, e no amaci tem o poder de purificação. Seu perfume atrai bons fluidos. É utilizada no ato da coroação.
Arruda	É usada como amuleto para mau-olhado. Usa-se também em banhos de descarga e amaci. Associada a fumo de corda e alho, é empregada para afastar eguns.
Boldo	Atua nos problemas hepáticos, aliviando a dor e o mal-estar. Utilizado em banhos e amaci. É considerada a erva sagrada de Oxalá, servindo para magnetizar os Otás desse Orixá.
Bredo cheiroso	Utilizado em banhos e amaci. Seu poder depurativo traz alívio e purificação.

Ervas sagradas	Aplicações dentro do ritual de almas e angola
Cidreira	Efeito na diminuição do tônus intestinal e analgésico discreto. É usada em banhos de descarga e amaci.
Colônia	Costuma-se passar a flor conservada em álcool sobre a testa, a fim de curar dor de cabeça. As folhas são utilizadas em banhos quando o médium está com resistência para a incorporação.
Espada-de-são-jorge	Utilizada em banhos e amaci. Nos terreiros, é plantada junto ao portão de entrada para proteção contra as energias negativas.
Folha da costa	Utilizada em banhos e amaci. Seu poder místico é empregado na magnetização de Otás e demais assentamentos de Orixás.
Folha de maracujá	Utilizada em banhos e amaci. Seu poder tranquilizante acalma e alivia médiuns com problemas de santo.
Folha de Santa Bárbara	Utilizada em banhos e amaci. Em conjunto com a folha da couve serve para limpeza dos terreiros, afastando eguns e negatividades.
Gervão grosso	É um ótimo cicatrizante. Utiliza-se em banhos e amaci. É recomendado para limpeza espiritual e afastamento de eguns.
Guiné	Diurético, antirreumático e anestésico local. É usado na preparação de garrafadas para reumatismo. Usa-se também em banhos de descarga e amaci.
Hortelã	Utilizada em banhos e amaci, serve para acalmar e esfriar filhos de santo com problemas de santo.
Manjericão	É utilizado como antisséptico. Em banhos e amacis, tem o poder de purificação.
Rosa branca	Utilizada em banhos e amaci. Serve para o equilíbrio e a purificação dos filhos de santo. Associada à colônia, tem poder de atrair bons fluidos.

Fonte: Tenda Espírita Caboclo Cobra Verde, 2005.

1.4.1. O Sacudimento

Os sacudimentos são feitos na casa das almas (terreiro), no cruzeiro das almas (cemitério), na praia ou na cachoeira. A realização ocorre preferencialmente após as 18 horas, mas no caso específico da cachoeira o procedimento é realizado durante o dia, no início da manhã ou no final da tarde.

Material necessário:
- ½ quilo de feijão-preto
- ½ quilo de milho vermelho
- ½ quilo de farinha de mandioca
- 200 gramas de milho de pipoca
- 7 ovos
- 7 pratos de barro (alguidar pequeno)
- 7 velas brancas pequenas
- 7 moedas correntes
- 1 sabão de coco ou sabão da costa
- 1 pacote pequeno de velas brancas (oito velas)
- 1 caixa de fósforo
- 1 copo pequeno de vidro
- 1 castiçal de barro
- 1 pano branco de morim na metragem 1 metro por 1 metro
- Roupa branca para colocar depois da limpeza
- Roupa velha para rasgar durante o sacudimento

Após o sacudimento, todo o material utilizado é incinerado e entregue a Exu e/ou Pombagira para que eles façam o encaminhamento das energias negativas.

1.4.2. O Ebó Branco

O ebó branco é realizado na cachoeira, na mata ou em lugares com árvores frondosas, preferencialmente após as 18 horas. Nele são cantados alguns pontos específicos de limpeza, chamando-se o Orixá Inhasã para levar todas as negatividades e possíveis presenças de eguns (espíritos negativos). Durante a limpeza também são invocados os Caboclos para que, em conjunto com Inhasã, procedam na limpeza da pessoa.

Material necessário:
- 1 metro e meio de tecido branco
- 1 sabão de coco para o banho
- 2 maços e velas brancas
- 1 quilo de farinha de mandioca
- 1 quilo de arroz branco
- 7 pedaços de carne sem gordura
- 7 ovos brancos
- 1 espelho
- ½ quilo de canjica
- ½ quilo de farinha de acaçá
- Folhas de bananeira
- ½ quilo de pipoca
- 1 charuto
- 1 cachaça
- 1 vela preta com vermelho
- ½ quilo de arroz branco

Todos os materiais utilizados para a preparação dos itens que farão parte da limpeza são entregues no terreiro com 24 horas de antecedência. Em ritual interno e fechado, a preparação é feita por alguns filhos de santo, previamente convocados pelo Pai ou pela Mãe de Santo.

Acompanham o Pai e/ou a Mãe de Santo apenas alguns filhos de santo, que obrigatoriamente vestem roupas brancas e os colares do culto. No local consagrado para a realização do ebó, são acesas velas para os guardiões Exu e Pombagira, para Inhasã e para os Caboclos. Junto às velas destinadas aos guardiões são oferecidos cachaça e charuto.

Ao voltarem do ebó, todos os participantes passam pelo banho de purificação, eliminando qualquer tipo de negatividade. Esse banho é feito com as ervas sagradas conforme a Tabela 5.

Segunda Parte

O Jogo de Búzios

2.1. A NUMEROLOGIA NO JOGO

Antes de falarmos da numerologia no jogo de búzios é necessário fazer uma referência aos negros africanos a quem devemos considerar como os grandes precursores dessa milenar prática divinatória. Prática essa que ainda hoje serve como ferramenta de auxílio e orientação a todos aqueles que acreditam na possibilidade de se desvendar os mistérios da vida aqui no planeta Terra (Aiyè).

O Yorubá acredita na continuidade da ancestralidade, ou seja, encarnamos e desencarnamos no meio de nossos familiares. No Orún (céu), quando o espírito ancestral vai retornar para o Aiyè (Terra), existe um Orixá, às vezes desconhecido por muitos, chamado Ajalá, que cria e modela as cabeças. Segundo essa crença a cabeça é a sede da existência do ser humano. O Orixá Ajalá é quem cria e molda o destino das pessoas sobre a Terra. Define os caminhos a serem percorridos, os infortúnios, o destino pessoal, o Odu, e toda a ancestralidade e espiritualidade (guardiões, carma, egrégora, falange) que a pessoa carregar na atual encarnação.

De acordo com a tradição Yorubá, Orúnmilá é a divindade do oráculo de Ifá. "Conta a lenda" que Orúnmilá veio ao mundo, enviado por Eledunmare (Deus supremo), para acompanhar e aconselhar Orixalá (conhecido no Brasil como Oxalá) na organização da Terra. Enquanto Orixalá representava os atributos de Eledunmare na Terra, nas funções ligadas à criação, Orúnmilá seria seu representante nos assuntos pertinentes a consciência e sabedoria. Por isso o nome ÒRÚNMILÁ é uma contração de ÒRÚ-I-O-MO-A-TI-LA, o que significa aproximadamente: "Somente ele que está em todas as dimensões e planos pode nos orientar". Uma de suas invocações é OKITIBIRI, A-PA-JO-IKU-DA, "O grande modificador, aquele que altera a data da morte", seu culto está totalmente ligado à forma de divinação conhecida como IFÁ, que significa aproximadamente: "Manifestação divina em forma de palavra, na boca do homem original". Por isso os antigos africanos Yorubás recitavam: ÌFÁ TI JU MÓ MI O WO MI RE / BI O BÁ TI PE MO MI LA I ORO I OWO / BI O BÁ TI PE MO MI LA RI RE. Tradução: Ìfá fixa teus olhos sobre mim e me olhes bem/pois quando tu fixas teus olhos em uma pessoa, ela se torna rica;/pois quando tu fixas teus olhos em uma pessoa, é que ela prospera.

Os instrumentos usados no Oráculo de Ifá, de onde se originou o jogo de búzios, são:

1. OPON-IFÁ: Tabuleiro ritual usado durante a divinação.
2. ÌROFÁ: Bastão de madeira ou marfim, usado para "chamar" Ifá.
3. ÌKÍN: Coquinho de dendê, fetiche de Òrúnmilá. São usados em número de dezesseis.
4. YEROSUN: Pó divinatório usado no opon-ìfá.
5. OPELÉ-IFÁ: Dispositivo auxiliar que representa a corrente mística que une o Orún (espaço) ao Aiyè (Terra).

6. OLORÍ-ÌKÍN: "Vigia do jogo", o décimo sétimo ìkín representando Èsú (Exu).
7. AJÈ-IFÁ: Anel composto por dezesseis búzios onde ficam o olorí-ìkín e vários outros instrumentos.

Segundo a mitologia africana, Obatala (Oxalá) é quem sopra o Emi, o sopro da vida, e o Orixá Orunmila-Ifá é o testemunho dos destinos de cada indivíduo. Orunmila-Ifá conhece cada anseio, cada segredo. Quando o Sacerdote vai jogar Búzios, ele passa os cauris sobre a cabeça do consulente, este gesto tem como objetivo invocar outro Orixá, chamado Orixá Ori. Este Orixá tem relação com a pessoa que vai procurar ajuda ou o apoio do sacerdote. O Orixá Ori nasce quando a pessoa retorna para a Terra, e sua energia volta para seu estado de origem quando a pessoa morre. O gesto de passar os búzios no Ori tem como objetivo identificar o Odu que acompanha a pessoa, verificando se este Odu está atuando de forma positiva ou negativa na vida do consulente. Determina também o Orixá Ancestral, o Ancestral Consanguíneo, a massa de origem energética da pessoa, e se essa pessoa carrega consigo problemas espirituais, tais como obsessores, magias ou mesmo problemas no próprio Ori (cabeça).

O Jogo de Búzios, também conhecido como Oráculo Africano, é na realidade um importante canalizador astral. Corresponde a um grande portal, onde nos chegam as informações trazidas pelos Deuses Orixás e reveladas por meio das inúmeras técnicas de leituras e interpretações.

Respeitando o que dizem os praticantes do Candomblé, principalmente os Sacerdotes de Ifá, o jogo de búzios é uma ação movida pelo destino de cada indivíduo, devendo ser exercitada apenas por pessoas diretamente ligadas ao culto e à religiosidade afro-brasileira. Não se pode jogar aleatoriamente, sob pena de receber do Orixá Ifá uma demanda de energias negativas, que o impedirão de prosseguir no caminho evolutivo comum a todos os seres do planeta.

Cerimônia pública de entrega de Mãos de Búzios na Tenda Espírita Caboclo Cobra Verde/2008.

É importante que os futuros jogadores de búzios sejam iniciados e estejam prontos para manusearem os objetos sagrados contidos na chamada Tábua de Ifá, ou simplesmente peneira de búzios. Não é aconselhável jogar búzios sem antes ter passado pelos rituais de iniciação. São eles que garantem a veracidade nas interpretações, abrindo o canal astral de vidência e sapiência perante as possibilidades fornecidas por tal "magia".

Aprende-se a jogar ou interpretar as caídas do jogo à medida que se tem desvendado os mistérios que envolvem o culto aos Orixás.

Os mais antigos sacerdotes ou jogadores de búzios diziam que ler e interpretar as quedas no oráculo exigem conhecimento profundo sobre a temática em questão. Na África antiga, as quedas eram realizadas utilizando-se sementes e outros objetos sagrados. No Brasil, a utilização de búzios tornou-se uma prática comum a quase todos os atuais Pais e Mães de Santo.

No Ritual de Almas e Angola a difusão da prática do jogo de búzios é recente, ou seja, ocorreu na década de 1990. Introduzida ao Ritual de Almas e Angola por Guilhermina Barcelos (Mãe Ida de

Xangô) as técnicas para o jogo de búzios hoje são repassadas aos Pais e Mães de Santo durante a Camarinha, recebendo o que chamam de "Mão de Búzios". Após esse procedimento ficam durante o período de três meses preparando-se e estudando para posteriormente jogarem, atendendo a consulentes ou filhos de santo. Atualmente existem obrigações específicas para Mão de Búzios, não necessariamente ocorrendo nas obrigações de camarinhas.

Para o jogo de búzios são necessários:

Opon-Ifá

> 1 peneira ou Tábua de Ifá (Opon-Ifá)
> 16 búzios abertos de tamanho médio para o jogo
> 4 búzios abertos de tamanho grande para Aláfia
> 1 búzio africano grande para Exu
> 1 guia (ou colar) com 7 fios e 16 gomos representando os Orixás
> 1 concha para colocar os búzios da Aláfia
> 7 moedas antigas
> 16 pedras pequenas representando cada Orixá – ver Tabela 5
> 1 copo de cristal
> 1 castiçal
  1 olho de Ifá (Pedra Olho de Tigre ou bola de cristal pequena)

- 1 cristal de quartzo pequeno para colocar dentro do copo com água
- 1 quartinha de barro para manter sempre com água ao lado (no chão) da mesa de jogo — dedicada a Exu e/ou Pombagira
- 1 sininho ou adeja pequeno
- 1 uma pano ou toalhinha para manter o jogo sempre coberto e protegido

Búzio fechado   Búzio aberto

Quando o Pai e/ou Mãe de Santo recebe a Mão de Búzios, oferece obrigatoriamente comida para o Orixá que vai ser o regente do jogo. Em Almas e Angola geralmente o regente do jogo é o mesmo Orixá de Ori (de cabeça) de quem vai receber a Mão de Búzios. Além da comida para o Orixá regente é oferecido também um prato de canjica para Ifá que servirá de base para serem colocados todos os búzios, uma vez que eles devem permanecer em contato direto com a canjica para consagração e energização. O olho de Ifá também é colocado em cima da canjica para da mesma forma ser energizado e consagrado.

Os demais objetos que farão parte do jogo, a exemplo dos otás de Orixá, são lavados em água da cachoeira ou na seiva das ervas preparadas para esse fim.

Tabela 6: Otá de Orixá

Orixá/entidade	Otá correspondente
Oxalá	Cristal de Quartzo Leitoso (Oxalufã), Água-Marinha (Oxaguiã) e Prata
Nanã	Ametista e Ametrino Lilás
Xangô	Ágata Marrom e Ágata de Fogo
Yemanjá	Cristal de Quartzo Transparente
Oxóssi	Cianita e Esmeralda
Oxum	Citrino, Calcita Mel e Âmbar
Ogum	Ferro, Aço e Granada
Inhasã	Calcita Laranja e Jaspe Vermelho
Obaluaê/Omulú	Ônix, Obsidiana, Turmalina Negra, Howlita e Hematita
Beijada	Quartzo Rosa e Angelita
Caboclo	Amazonita
Exu	Carvão Mineral e Enxofre
Pombagira	Olho de Gato

Fonte: Tenda Espírita Caboclo Cobra Verde, 1994.

Antes de receber a Mão de Búzios, o Pai ou Mãe de Santo é levado até a cachoeira, onde passa por uma limpeza espiritual oferecendo também ao Orixá Oxum, considerada a Deusa da adivinhação ao lado de Ifá, um agrado ou presente. Geralmente flores, frutas, velas, perfumes etc. são entregues, acrescidos de cinco ovos brancos que após a entrega da oferenda são passados nos olhos do futuro jogador, abrindo dessa forma a terceira visão ou o olho de Ifá.

Tabela 7: Queda, numerologia e Orixá regente

Queda	Numerologia	Orixá
I	1 búzio aberto e 15 búzios fechados	Exu
II	2 búzios abertos e 14 búzios fechados	Ibeji
III	3 búzios abertos e 13 búzios fechados	Ogum
IV	4 búzios abertos e 12 búzios fechados	Xangô
V	5 búzios abertos e 11 búzios fechados	Oxum
VI	6 búzios abertos e 10 búzios fechados	Oxóssi
VII	7 búzios abertos e 9 búzios fechados	Obaluaê
VIII	8 búzios abertos e 8 búzios fechados	Oxaguiã
XIX	9 búzios abertos e 7 búzios fechados	Yemanjá
X	10 búzios abertos e 6 búzios fechados	Oxalufã
XI	11 búzios abertos e 5 búzios fechados	Inhasã
XII	12 búzios abertos e 4 búzios fechados	Xangô
XIII	13 búzios abertos e 3 búzios fechados	Nanã
XIV	14 búzios abertos e 2 búzios fechados	Oxumarê
XV	5 búzios abertos e 1 búzio fechado	Obá
XVI	16 búzios abertos	Ifá

Fonte: Tenda Espírita Caboclo Cobra Verde, 1994.

Analisando a Tabela 7, é importante esclarecer que **búzio fechado** é representado pela fenda natural virada para cima e o búzio aberto é aquele onde a fenda natural fica para baixo, nesse caso ficando para cima a abertura ou o corte manual feito pelo Pai ou a Mãe de Santo em ritual que antecede a entrega da Mão de Búzios.

A numerologia aplicada ao jogo e também presente em todos os trabalhos, ebós, oferendas etc. marcam o culto aos Orixás. Não diferente, no jogo de búzios os números auxiliam muito o processo de interpretação. Vejamos novamente a Tabela 7, nela aparecem bem definidas as sequências de jogo e os Orixás que respondem em cada caída.

Além da numerologia presente nas quedas, é observada também a posição dos búzios dentro da peneira. A proximidade junto aos Otás dos Orixás também é um elemento importante no processo de interpretação.

As associações das quedas com os Orixás, em muitos casos, representam a forma mais comum de interpretação. Consideram-se apenas as características de cada Orixá e sua influência sobre as pessoas. Um exemplo dessa associação é o que ocorre com pessoas influenciadas por Exu (1 búzio aberto e 15 fechados), essas são geralmente acometidas por problemas espirituais e estão sujeitas a questões envolvendo bebidas alcoólicas, drogas e precisam urgentemente de uma limpeza para afastar as negatividades sugeridas na queda.

Outras associações vinculadas aos Orixás, muito comuns no jogo de búzios, aparecem na Tabela 8. Essas associações possibilitam ao Pai e/ou Mãe de Santo buscar no jogo de búzios soluções para os problemas que a(s) queda(s) sugere(m). São situações que apontam problemas e que precisam de um encaminhamento.

Na Tabela 8, é possível perceber que existem algumas quedas que não apresentam problemas, pelo contrário, são as chamadas "quedas boas", pois apontam situações positivas. Mas, em outras quedas, os problemas são inúmeros, sendo alguns muito sérios, exigindo uma intervenção rápida e eficaz por parte do Pai e/ou Mãe de Santo. Um exemplo de "queda problema" é o número 13, nessa queda são comuns problemas sérios de doenças e possível falecimento.

As quedas associadas aos números 1, 7 e 13 são as mais delicadas e negativas. Já as quedas 5, 6, 15 e 16 são consideradas "boas", pois apresentam situações positivas diante de possibilidades de conquistas e novos empreendimentos. Nessas últimas quedas, as "boas novas" são sempre favoráveis e merecem algumas oferendas que serão entregues aos Orixás, abrindo assim um canal para que esses tragam de imediato a prosperidade.

Na associação com os Orixás, a numerologia é simples e sem grandes esforços por parte de quem joga.

Tabela 8: Interpretações comuns no jogo de búzio associadas aos Orixás

Orixa	Interpretações comuns
1 búzio aberto Exu	Sérios problemas com Exu, necessidade de limpeza espiritual etc.
2 búzios abertos Ogum	Problemas de demandas, possibilidade de viagens, mudança de cidade etc.
3 búzios abertos Omulu	Problemas espirituais, problemas de saúde, doença de pele etc.
4 búzios abertos Xangô	Problemas na justiça, situação financeira ruim ou estabilidade profissional etc.
5 búzios abertos Oxum	Possibilidade de novos relacionamentos, problemas afetivos etc.
6 búzios abertos Oxóssi	Abertura financeira, prosperidades nos negócios, bom momento para novos investimentos etc.
7 búzios abertos Obaluaê	Sérios problemas de saúde física ou espiritual, necessidade de limpeza espiritual etc.
8 búzios abertos Oxaguiã	Brigas e conflitos, problemas de relacionamento, irritabilidade etc.
9 búzios abertos Yemanjá	Problemas familiares, briga entre parentes, inimigos próximos etc.
10 búzios abertos Oxalufã	Pessoas muito paradas, problemas de relacionamento etc.

Orixa	Interpretações comuns
11 búzios abertos Inhasã	Problemas de Eguns, insônia, perturbações no sono, presença de eguns etc.
12 búzios abertos Xangô	Casos de justiça, possibilidade de ganhos na justiça, lucros em empresas etc.
13 búzios abertos Nanã	Problemas de falecimento na família, problemas com inimigos invisíveis etc.
14 búzios abertos Oxumarê	Inquietude, necessidade de mudanças de atitude etc.
15 búzios abertos Beijada	Problemas de santo, possibilidade de nova gestação etc.
16 búzios abertos Ifá	Ótima caída, boas notícias etc.

Fonte: Tenda Espírita Caboclo Cobra Verde, 1994.

2.1.1. A Técnica dos Odus

No jogo de búzios as técnicas aplicadas são inúmeras, porém a mais comum é a técnica dos "Odus". Segundo essa técnica, Ifá, o senhor da adivinhação, indica os caminhos para você alcançar o bem-estar físico e mental. Os Odus representam o destino pré-traçado para cada ser humano no planeta Terra. Ao nascermos, segundo a filosofia e mitologia africana, trazemos em nosso caminho alguns compromissos e responsabilidades.

Segundo a tradição Yorubá, através do ODU (Destino – Inteligência Natural) é possível determinar o processo evolutivo de qualquer pessoa. Através do Odu o Pai ou a Mãe de Santo desvenda os enigmas que envolvem seus consulentes. A técnica dos Odus era prática comum nos povos Yorubás, e somente os Babalaôs tinham tal direito e autonomia. Atualmente, no Brasil, a utilização dos Odus passou a ser utilizada por inúmeros Pais e Mães de Santo, por conta da pluralidade comum à religião afro-brasileira e da disseminação do jogo de búzios, antes somente jogado por homens e hoje praticado também por mulheres e adeptos afins.

Segundo alguns pesquisadores, o ODU representa o "DNA espiritual de uma pessoa". Vejamos o que diz a "Sociedade Yorubana Teológica de Cultura Afro-Brasileira" sobre os Odus no Jogo de Búzios:

> *O Jogo de Búzios e os Odus correspondentes a eles foram instituídos por Oduduwá, que delegou a um sacerdote chamado SETILU, o qual definiu como divindade chamando-o de Orunmilá ou Babá Elérin Ipin (O céu que fala ou fala do céu). SELITU então estabeleceu as regras da leitura desse jogo que passou a se chamar IFÁ. SELITU criou sacerdotes especialistas na leitura desses jogos, a quem chamamos de Babalawô (Babalaô), ou seja, Pai Senhor dos Mistérios e Segredos. Segundo a tradição, somente os Babalaôs fazem a leitura dos jogos, pois possuem o conhecimento do jogo de perguntas e respostas (Orim e Purim).*

Ainda dentro das pesquisas realizadas pela "Sociedade Yorubana Teológica de Cultura Afro-Brasileira", os Odus estão divididos em duas partes: Pupa (Vermelho/Negativo) e FunFun (Branco/Positivo). Ambos se alternam no posicionamento, invertendo suas posições, fomentando a ideia de mudanças, ou seja, hoje um Odu Negativo pode amanhã estar Positivo. Nesse caso, as oferendas e os Ebós são de extrema importância, uma vez que positivar um Odu representa um "ajuste" necessário (ou não) na vida do consulente. Muitas vezes o Odu negativo deve ser mantido, por uma questão de "mal necessário" ou carma, portanto todo cuidado é pouco diante das interpretações.

Na técnica dos Odus, são realizadas quatro jogadas. A primeira tem a função de conhecer a pessoa em suas características pessoais, a segunda caída corresponde aos relacionamentos familiares, afetivos e sociais, a terceira queda apresenta o problema que está afligindo a pessoa e a quarta jogada representa o futuro e suas possibilidades positivas.

Tabela 9: A numerologia dos Odus

Queda	Odu correspondente
1 Búzio Aberto	Okaran
2 Búzios Abertos	Ejiokô
3 Búzios Abertos	Etaogundá
4 Búzios Abertos	Yorossun
5 Búzios Abertos	Oxê
6 Búzios Abertos	Obará
7 Búzios Abertos	Odi
8 Búzios Abertos	Ejionile
9 Búzios Abertos	Ossá
10 Búzios Abertos	Ofum
11 Búzios Abertos	Owarin
12 Búzios Abertos	Ejilaxebora
13 Búzios Abertos	Ejilogbon
14 Búzios Abertos	Ika Ori
15 Búzios Abertos	Obeogundá
16 Búzios Abertos	Alafioman

Fonte: Tenda Espírita Caboclo Cobra Verde, 1994.

Na técnica dos Odus, as confirmações são realizadas utilizando-se quatro búzios conforme mostra a Tabela 10.

Vejamos algumas informações sobre cada um dos 16 Odus, dando dessa forma alguns detalhes sobre significados, arquétipos e alguns Orixás que se apresentam no caminho desses Odus:

1. ÒKÀNRÀN MÉJÌ – Este Odu foi o 8º que chegou à Terra. Ele responde com um único búzio aberto no jogo. O significado deste caminho de Odu representa tudo que é escuro, incerto e duvidoso. Arquétipos dos filhos deste Odu: são desconfiados, esquivos, medrosos, possuidores de quase todos os tipos de fobia, materialistas, tristes, possessivos, ciumentos. Racionais, metódicos, possuem tendência a criar inimizades. São eloquentes oradores, possuem o dom de arrebatar pessoas para os seus planos ou religiões e ao mesmo tempo podem destruir as pessoas que os seguem. Algumas interdições deste caminho de Odu: não comer acaçá que foi envolto em folha de bananeira; não comer feijão-fradinho nem ingerir alimentos que levem canela em pó ou casca, cravo, noz-moscada, raízes em geral. Não podem nunca se banhar com folhas de Irokô, não devem tocar ou cortar estas folhas para qualquer finalidade. Não devem se banhar com ervas trepadeiras nem podem tocá-las ou fazer amarrados para qualquer finalidade. Não podem se alimentar de carne de búfalo, beber seu leite ou beber caldo-de-cana. Orixás que se apresentam neste caminho de Odu: Exú, Ibeji, Ossãe, Xangô, entre outros.

2. EJIOKO MÉJÌ – Este Odu foi o 12º que chegou à Terra, ele responde com 2 búzios abertos. Também é conhecido pelo nome de Oturukpon Méjì. Seu significado é a firmeza do planeta Terra. Arquétipos dos filhos deste caminho de Odu: possuem espírito equilibrado, geralmente são pessoas sensatas e ponderadas. São

responsáveis por demais com temperamento tranquilo, estável, pacífico, mas são possessivas e ciumentas. São desconfiadas diante de novos relacionamentos. São destinados ao sucesso, são idealistas e possuem tendências a conquistarem altos postos profissionais. Nunca se conformam com derrotas e são geralmente vitoriosas. Quando querem alcançar algum objetivo não veem nada a sua frente. São passíveis aos vícios, jogos de azar e desprezam a mediocridade. Pessoas deste caminho de Odu, quando do sexo masculino, são mulherengos. Quando são do sexo feminino são propensas a falsidade e feitiçarias. Não podem comer mamão, galo ou galinha velha, galinha d'angola, bode ou cabra velha. Não devem ter contato ou aprisionar animais ligados à feitiçaria. Devem evitar apego com gatos, macacos e cachorro (do mato). Não podem chupar ossos de animais nem se alimentar de suas cabeças. As mulheres devem evitar o sexo durante o dia, pois não podem olhar para o sexo do seu companheiro, evitando o aprisionamento. Alguns Orixás que se apresentam neste caminho de Odu: Exú, Ogum, Ibeji, entre outros.

3. ETA ÒGÚNDÁ MÉJÌ – Este Odu foi o 9º na ordem de chegada à Terra, responde no jogo com 3 búzios abertos. Sua representação é o membro masculino ereto, os testículos, o esperma, o poder e a certeza. Significado: Ogum, o homem que se divide em dois, ou Ogum, o homem de dois facões. Algumas pessoas afirmam que seu significado é Ogum, o homem que partiu o peixe em duas partes. Arquétipos dos filhos deste caminho de Odu: são pessoas que possuem na maioria das vezes um sentido de moral muito firme. São ciumentos, dissimulados, orgulhosos. Fazem-se sempre de vítimas em todos os tipos de confusões. Geralmente são pessoas inteligentes e por isso se tornam perigosas, pois usam a inteligência de forma diabólica. São pessoas que gostam de dar ordem, adoram gastar dinheiro, principalmente o dos outros.

São criativos e implicam muito com seus semelhantes. Quando homens, trocam de companheiras constantemente. Algumas interdições dos filhos deste caminho de Odu: comer carne de galo ou galinha velha, inhame pilado, quiabo, mandioca, batata-baroa. Não podem cavar buracos para enterrar ebó. Não podem guardar ou transportar armas, principalmente embaixo da cama. Devem evitar ingerir bebidas alcoólicas. Alguns Orixás que se apresentam neste caminho de Odu: Exú, Ogum, Xangô, entre outros.

4. IROSUN MÉJÌ – Este é o 5º Odu na ordem de chegada à Terra, responde com 4 búzios abertos. Suas representações possuem o formato de espiral ou o formato de dois círculos, muito embora as encruzas sejam seu maior ponto de referência. Seu significado é o abandono e a renúncia. Alguns arquétipos dos filhos deste caminho de Odu: geralmente são pessoas orgulhosas, exaltadas, agressivas a ponto de se deixarem dominar pela raiva. São pessoas geralmente debochadas, mesquinhas e oportunistas. Possuem muitas vezes o dom da hipocrisia e são capazes de passar perto de pessoas, sem cumprimentá-las, fingindo que nem as conhece com a maior facilidade. Lidam facilmente com pessoas que vivem à margem da lei. Amam e odeiam com a mesma intensidade e em algumas vezes não conseguem distinguir estes sentimentos um do outro. Interdições dos filhos deste caminho de Odu: o uso de roupas ou objetos na cor vermelha, frutas e cereais na cor vermelha. São proibidos de chupar ou roer ossos de animais. Não podem pular covas ou fosso nem caminhar dentro de manguezais. Devem sempre evitar ir a funerais. Alguns Orixás que se apresentam neste caminho de Odu: Exú, Inhasã, Omulu, Yemanjá, Nanã, entre outros.

5. OSE MÉJÌ – Este é o 15º Odu na ordem de chegada à Terra, responde com 5 búzios abertos. Seu significado é a dor, o pesar e o sofrimento. Possui a noção de partir, quebrar, dilacerar, ocasionando situações desagradáveis. Arquétipos dos filhos deste caminho de Odu: geralmente são pessoas de comportamento instável e de temperamento impulsivo, variando de acordo com a situação que se apresentar no momento. São pródigas, porém, dispersivas, o que as leva a se envolver com problemas relacionados a dinheiro. A maioria é engenhosa, possuindo iniciativa própria. Algumas interdições dos filhos deste caminho de Odu: este caminho de Odu proíbe seus filhos de tocarem madeiras apodrecidas, usarem roupas confeccionadas com tecidos de três ou mais cores, comerem farinha de acaçá torrada e inhame assado. Também de beberem bebidas destiladas, principalmente oriundas do zimbro. Proíbe para sempre o uso do cigarro. Alguns Orixás que se apresentam neste caminho de Odu: Oxum, Exú, Xangô, entre outros.

6. OBARA MÉJÌ – Este é o 7º Odu na ordem de chegada à Terra, responde com 6 búzios abertos no jogo. Em Yorubá significa "Os dois Reis do Corpo". Alguns arquétipos dos filhos deste caminho de Odu: geralmente são pessoas alegres, festivas e que mantêm tradições. São radicais e muitas vezes criam situações fantasiosas e embaraçosas, e acabam acreditando nelas como se fossem verdadeiras. São pessoas que gostam de se envolver em assuntos que não lhe dizem respeito e por isso acabam em situações constrangedoras. Algumas interdições dos filhos deste caminho de Odu: não podem comer peixe defumado, preá, bolo de acaçá que tenha sido envolto em folhas de bananeira, fubá, canela em casca ou em pó, carne de tartaruga, carne de galo ou galinhas velhas. São proibidos de usar roupas tecidas com a ráfia. Não podem carregar ebó de terceiros sobre suas cabeças

ou ombros. São proibidos de relatarem fatos que tenham assistido e que não lhe dizem respeito, pois correm o risco de serem envolvidos nas questões. Alguns Orixás que se apresentam neste caminho de Odu: Exú, Oxum, entre outros.

7. ODI MÉJÌ – Este é o 4º Odu na ordem de chegada à Terra, e no jogo de búzios responde com 7 búzios abertos. Para os Yorubás significa "a malícia, o cinismo, a implacabilidade, a teimosia, o avesso, o sarcasmo, a perversidade, enfim, o lado ruim de qualquer pessoa". Sua oposição é a força de vontade, a obstinação, o desejo de liberdade e de independência. Alguns arquétipos dos filhos deste caminho de Odu: são equilibrados, possuindo uma vida estável, porém alguns são desequilibrados, nunca chegando a lugar algum. As pessoas deste caminho de Odu são sonhadoras, inteligentes, talentosas, astutas e outras possuem uma arte diabólica, fazendo intrigas, mentindo e sonhando com grandezas. Muitas vezes julgam-se importantes e inteligentes. Algumas pessoas deste Odu são perseverantes, duras e inflexíveis. Alguns são pacíficos e pouco se intrometem na vida alheia, outros vivem em tumultos. Alguns dos filhos deste caminho de Odu são capazes de sacrificar seus próprios pais ou entes queridos em prol do seu bem-estar. Geralmente as pessoas que vêm neste Odu pisam entortando o sapato dos lados, quer seja para dentro ou para fora. Algumas interdições dos filhos deste caminho de Odu: não podem comer carne de lebre, coelho e preá, purê de batata-doce ou batata-baroa. Não podem comer feijão-fradinho ou qualquer comida que contenha esse ingrediente. Não podem dormir de barriga pra cima, matar moscas com as mãos, possuir coleção ou objetos em número sete, não podem fazer ebó, feitiçaria, em número de sete ou qualquer preceito que leve alguma coisa com este somatório. Alguns Orixás que se apresentam neste caminho de Odu: Exú, Nanã, Xapanã, entre outros.

8. **EJIONILE MÉJÌ** – Este é o 1º na ordem de chegada à Terra e responde no jogo com 8 búzios abertos, também é conhecido pelo nome de Eji Ogbe Meji. Seu significado é a mutação constante, princípio primordial que passa da vida à morte e vice-versa de forma contínua. Este Odu é considerado o princípio terrestre, a esfera e o princípio celestial. Ejionile Meji pode ser representado por um círculo branco ou um quadrado, pois eles formam um todo se engendrando um no outro e reproduzindo-se até o infinito. Este Odu é o mais velho e o pai de todos os demais Odus, com exceção do Odu Ofun Meji, que gerou Ejionile. Alguns arquétipos dos filhos deste caminho de Odu: são diretos, sutis, amáveis, doces, materialistas ou totalmente o oposto. Planejam tudo a seu interesse. Uns são impulsivos, nervosos, chegando algumas vezes à irracionalidade e à fúria incontrolável. São críticos ao extremo, debochados, irônicos, implicantes e fingidos. Outros são sutis, sendo este o seu ponto mais forte da vida. São possuidores do dom da oratória, embora adorem que os outros transmitam seus recados. Possuem pavor à sujeira, embora alguns sejam totalmente desorganizados. Uns são céticos, emotivos, humanos, gulosos e amantes da fartura. São pessoas que possuem claustrofobia. Vivem presas a fatos passados e são super curiosas. Quando dizem "não", é para sempre. São amigos ao extremo, capazes de tirar a roupa do corpo pelos amigos, e seus parentes são suas eternas paixões e preocupações. Algumas interdições dos filhos deste caminho de Odu: não podem usar roupas vermelhas, negras ou de cores escuras. Não devem ingerir vinho de palma, não podem comer carne de galo velho, preá, atum, merluza, cavalinha, bagre, peixe-espada e mulato-velho. São proibidos de comer bolo de acaçá que tenha sido envolto em folha de bananeira, não podem comer angu de fubá e taioba. Não podem comer jenipapo, açaí, banana-prata e jambo. Alguns Orixás que se apresentam neste caminho de Odu: Exú, Ogum, Oba, Iroko, Oxum, entre outros.

9. OSA MÉJÌ – Este Odu é o 10º na ordem de chegada à Terra e no jogo responde com 9 búzios abertos. Osa Méjì é sagrado para os Yorubás, pois pronuncia o final de um ciclo, uma vez que este caminho afirma tudo que é novo, o que acaba de nascer, ou seja, a gravidez e o nascimento de um novo ser. Alguns arquétipos dos filhos deste caminho de Odu: geralmente são pessoas simpáticas, porém sistemáticas; ora são agradáveis, ora simpáticas, ora antipáticas, ora sociáveis e ora são antissociáveis, ou seja, ninguém sabe ao certo o que elas são. Sempre se fazem de vítimas ou inocentes diante de situações que tenham de enfrentar. Quando querem são tímidas, engenhosas, diabólicas em seus objetivos. São geralmente inteligentes, fazem questionamento de tudo e de todos, mentem e nem percebem. Gostam de aparecer e de demonstrar que sabem de tudo. São totalmente desorganizados. Costumam abandonar suas metas e objetivos após concluí-los. Mudam de opinião como mudam de roupa, alguns são pessoas sãs, serenas e sinceras, mas todo cuidado é pouco. Muitos são agressivos, impacientes e, se não se portam desta forma, são inquietos. Angustiados, ansiosos e impacientes. Causam antipatia nas outras pessoas. Este tipo de comportamento só prejudica a elas mesmas. Algumas interdições dos filhos deste caminho de Odu: não podem fazer magias para o mal em cabaças. Não podem queimar algodão, manter aves presas em gaiolas. São proibidos de queimar folhas de Akokó, de Iroko e de usarem para qualquer finalidade estas folhas. Não podem ter objetos feitos de bambu nem cortar um bambueiro. Devem usar tecidos na cor marrom, vermelho, roxo ou lilás. Não podem matar borboletas ou mariposas ou usar objetos adornados com elas. Alguns Orixás que se apresentam neste caminho de Odu: Exú, Oba, Xangô, Nanã, entre outros.

10. **FUN MÉJÌ** – Este é o 16º Odu na ordem de chegada à Terra e no jogo responde com 10 búzios abertos. Este Odu é o ciclo sem fim, a rota do nascimento, a eterna ligação do mundo visível e invisível. Este Odu é o criador de todos os caminhos, tendo assim seus protótipos em seu âmago. Alguns Orixás que se apresentam neste caminho de Odu: Exú, Oxumaré, Irokó, entre outros.

11. **ÒWORIN MÉJÌ** – Este é o 6º Odu na ordem de chegada à Terra e responde no jogo com 11 búzios abertos. Oworin Meji é o caminho que possui a primazia de alterar a rota do destino, deixando os seus filhos e as pessoas que estão por ventura sob sua influência. Alguns arquétipos dos filhos deste caminho de Odu: são pessoas que nascem em berço de ouro ou ficam ricas ainda na juventude. Realizam tudo o que desejam muito cedo, ou seja, filhos, fama, todas as coisas boas da vida material, entretanto, a estadia dessas pessoas na Terra é bem curta, morrem em pleno gozo da vida. Algumas interdições dos filhos deste caminho de Odu: não podem participar do ritual do Axexê (ritual fúnebre), não podem ingerir bebidas alcoólicas, correm seriamente o risco de enlouquecer. Alguns Orixás que se apresentam neste caminho de Odu: Exú, Yemanjá, Oxumaré, Omulu, Ogum, Oxalá, entre outros.

12. **EJILA SEBORA MÉJÌ** – Este é o 3º Odu na ordem de chegada à Terra, também conhecido pelo nome de Iwori Meji, e no jogo responde com 12 búzios abertos. Ele é representado pelo encontro aparente dos dois astros no mesmo ponto do zodíaco. Os Yorubás o chamam de Ipàdé õna orun ou pelo Hexagrama (a estrela de 6 pontas com a silhueta de uma águia em seu interior). Este Odu expressa a ideia de contato, de troca, de relação entre os seres ou coisas. Este caminho refere-se a tudo que diz respeito à união. Alguns arquétipos dos filhos deste caminho de Odu:

as pessoas que se apresentam neste caminho de Odu assimilam tudo com rapidez, são líderes natos, mas são incompreendidos. São pessoas que possuem o gosto apuradíssimo. Mudam de amizades constantemente, são amantes das bebidas e comidas, requintados ao extremo, excêntricos e excelentes pais de família com comportamento protetor. Quando as pessoas deste caminho são homens, são mulherengos em demasia, e quando são mulheres, são fiéis. No geral são pessoas predestinadas ao comércio de modo geral, hábeis em vendas, excelentes relações públicas. Outros são barulhentos, gostam de intrigas, provocam confusões, chegando muitas vezes ao ódio. Algumas interdições dos filhos deste caminho de Odu: não podem comer abóbora-moranga, ingerir bebidas que levam coco ou seus derivados, feijão-branco. Não podem amolar ferramentas cortantes uma na outra. Não podem participar de disputas de terceiros, não podem arrastar os sapatos ou chinelos ao entrar em espaço sagrado, vestir roupas pelo avesso ou amarrar qualquer tipo de corda pelo corpo. Alguns Orixás que se apresentam neste caminho de Odu: Exú, Yemanjá, Oba, entre outros.

13. EJI OLOGBON MÉJÌ – Este é o 2º Odu na ordem de chegada à Terra, este Odu é conhecido também pelo nome de Òyèkú Méjì, responde no jogo com 13 búzios abertos. Este Odu está ligado à Irunmole Ikú. Alguns arquétipos dos filhos deste caminho de Odu: são calmos, comunicativos e lentos, possuindo comportamento conformista, nunca tomam partido de nada alheio, ficando totalmente neutros. Para eles tanto faz como tanto fez, nunca se importam com nada. Alguns são dirigidos e orientados por estranhos, nos quais depositam total confiança. Alguns são intelectuais, acumulam vários conhecimentos, todavia são incapazes de formular teorias e tampouco expô-las. Quando as pessoas deste caminho de Odu são do sexo feminino, são sábias,

sensatas, sagazes, possuidoras de caráter secreto e reservado. Quando são do sexo masculino são efêmeros, volúveis e, nos relacionamentos amorosos, não se prendem a nada, trocam sempre de companheiras, como se estivessem trocando de roupa. Algumas interdições dos filhos deste caminho de Odu: uso de perfumes ativos ou adocicados, ingestão de alimentos por demais temperados. Comer ave de rapina. Usar roupas na cor vermelha ou roxa. Cultivo e uso de plantas que possuem espinhos. Alguns Orixás que se apresentam neste caminho de Odu: Exú, Nanã, Yemanjá, Iroko, entre outros.

14. IKA MÉJÌ – Este é o 11º Odu na ordem de chegada à Terra, responde no jogo com 14 búzios abertos. É representado por duas serpentes entrelaçadas em direção ao infinito, ou por somente uma mordendo sua própria calda. Forma um círculo em torno da Terra, passando a ideia de estar impedindo a sua desintegração. Alguns arquétipos dos filhos deste caminho de Odu: as pessoas que pertencem a este caminho de Odu só conhecem a razão quando decidem ser algo na vida, por si próprios, ou seja, quando se tornam independentes. Alguns filhos deste caminho de Odu são falsos, inescrupulosos e, algumas vezes, violentos. Alguns são generosos com quem amam e com seus amigos, mas quando são traídos pelas pessoas que eles tanto amam são tenazes e impiedosos. Alguns são volúveis, interesseiros, mudam de parceiros sem amá-los um minuto sequer. Outros desejam Deus para eles e o diabo para os outros. Algumas interdições dos filhos deste caminho de Odu: comer peixe defumado, mulato-velho, bagre, cavalinha, cascudo e todo ou qualquer peixe de pele. Todos os animais oriundos dos manguezais. Abóbora-moranga, jenipapo, jambo e todas as frutas cujo cheiro e sabor sejam por demais adocicados. Não podem transportar com eles armas brancas nem consumir bebidas muito adocicadas ou destiladas e devem

evitar o uso do tabaco. Alguns Orixás que se apresentam neste caminho de Odu: Exú, Xangô, Inhasã, entre outros.

15. OBEOGÚNDÁ MÉJÌ – Este é o 14º Odu na ordem de chegada à Terra, também conhecido pelo nome de Irete Méjì, responde no jogo com 15 búzios abertos. Sua representação é feita por um quadrado dentro de um círculo, representa o "Desconhecido – Ailokiki – O Céu – Orun". O quadrado representa o domínio do que conhecemos. O mundo material, a Terra. Alguns arquétipos dos filhos deste caminho de Odu: são pessoas de temperamento instintivo, impulsivo, agressivo, muito embora possuam sangue frio. São extremamente radicais, baseando-se no que está escrito e formulado. O verdadeiro Ser Humano, criador das leis, normas, ritos e doutrinas. Algumas interdições dos filhos deste caminho de Odu: não podem se alimentar de banana-da-terra, feijão-preto, pipocas. Não podem se alimentar de bolo que tenha sido envolto em folha de bananeira. Não podem se alimentar de camarões, caranguejo, siri, marisco, mexilhão, carne de porco, mamão e vinho de palma. Alguns Orixás que se apresentam neste caminho de Odu: Exú, Xangô, Iroko, Nanã, entre outros.

16. OTURA MÉJÌ/ÀLÀÁFÍÀ MÉJÌ – Este é o 13º Odu na ordem de chegada à Terra, é mais conhecido pelo nome de Àlàáfía Méjì, responde no jogo com 16 búzios abertos. É representado por uma espiral, abrindo-se a cada movimento e tornando-se cada vez maior, até alcançar o infinito, ou seja, representa o significado da comunicação dos seres humanos com os ara-orun (habitantes do céu). Alguns arquétipos dos filhos deste caminho de Odu: segundo alguns Babalaôs, seus filhos perdem tudo que ganham na mocidade, em virtude de viverem nas nuvens; entretanto, ao adquirir maturidade, erguem-se gradativamente, continuando a dar valor aos bens materiais. São gastadores impulsivos, vivem

nas nuvens, não se prendendo a nada, geralmente acabam seus dias abandonados por todos, chegando ao relento. Outros são totalmente alienados. Algumas interdições dos filhos deste caminho de Odu: possuir cães ferozes, comer galos de qualquer espécie, milho cozido ou assado, inhame de qualquer espécie, carne de porco, preá, coelho. Portar qualquer tipo de arma. Alguns Orixás que se apresentam neste caminho de Odu: este é o Odu principal de Obatala.

2.1.2. A Técnica dos Barracões

Outra forma de interpretação no jogo de búzios é a técnica dos barracões. Nessa técnica são considerados os conjuntos numéricos formados pela disposição dos búzios em cada queda.

Os barracões na realidade representam as numerologias formadas dentro de uma mesma queda, partindo da proximidade de alguns búzios e os conjuntos por eles formados. Vejamos: quando em uma queda abrem 6 búzios formando dois conjuntos de 3 búzios, fala-se que ocorreram dois barracões de 3. Na mesma queda de 6 búzios abertos, quando ocorre a formação de três conjuntos com 2 búzios abertos em cada conjunto, fala-se em três barracões de 2.

Na técnica dos barracões as associações numéricas são inúmeras, abrindo-se um grande leque de possibilidades e situações diferenciadas.

Com essa técnica, o jogo ganha um caráter mais amplo e a numerologia passa a ser algo fundamental dentro do processo interpretativo. Nas 16 quedas existentes no jogo, em cada uma existem outras tantas possibilidade de situações a serem analisadas. Cada queda traz uma situação distinta e faz com que o jogo ganhe um papel de grande responsabilidade e definições. Quanto maior o número de búzios abertos, maiores serão as possibilidades de situações interpretativas.

A técnica dos barracões é considerada um das mais completas, pois possibilita várias jogadas para um mesmo consulente. Dessa forma são várias as jogadas e interpretações durante um único atendimento. Para o Pai e/ou Mãe de Santo a técnica dos barracões é muito mais interessante, pois possibilita uma série de intervenções durante o jogo, ampliando significativamente o tempo de atendimento, satisfazendo o consulente ou o filho de santo.

Observe com atenção as inúmeras possibilidades presentes na técnica dos barracões nas informações contidas a seguir. Nelas são bem visíveis as quantidades de situações oferecidas pela técnica.

1 Búzio Aberto:
Possibilidade de 1 barracão apenas.

2 Búzios Abertos:
Possibilidades de um barracão de 2 e o outro de 1+1.

3 Búzios Abertos:
Possibilidades de um barracão de 3, um de 1+2 e um de 1+1+1.

4 Búzios Abertos:
Possibilidades de um barracão de 4, um de 1+3, um de 1+1+2, um de 1+1+1+1 e um de 2+2.

5 Búzios Abertos:
Possibilidades de um barracão de 5, um de 1+4, um de 1+1+3, um de 1+1+1+2, um de 1+1+1+1+1, um de 2+2+1 e um de 2+3.

6 Búzios Abertos:
Possibilidades de um barracão de 6, um de 1+5, um de 1+1+4, um de 1+1+1+3, um de 1+1+1+1+2, um de 2+4, um de 2+2+2, um de 2+1+3 e um de 3+3.

7 Búzios Abertos:

Possibilidades de um barracão de 7, um de 1+6, um de 1+1+5, um de 1+1+1+4, um de 1+1+1+1+3, um de 1+1+1+1+1+2, um de 1+1+1+1+1+1+1, um de 2+5, um de 2+2+3, um de 2+2+2+1, um de 2+4+1, um de 3+4, um de 3+3+1 etc.

8 Búzios Abertos:

Possibilidades de um barracão de 8, um de 1+7, um de 1+1+6, um de 1+1+1+5, um de 1+1+1+1+4, um de 1+1+1+1+1+3, um de 1+1+1+1+1+1+2, um de 1+1+1+1+1+1+1+1, um de 2+6, um de 2+2+4, um de 2+2+2+2, um de 2+3+3, um de 2+4+1+1, um de 3+1+4, um de 4+4, um de 5+3, um de 5+2+1 etc.

9 Búzios Abertos:

Possibilidades de um barracão de 9, um de 1+8, um de 1+1+7, um de 1+1+1+6, um de 1+1+1+1+5, um de 1+1+1+1+1+4, um de 1+1+1+1+1+1+3, um de 1+1+1+1+1+1+1+2, um de 1+1+1+1+1+1+1+1+1, um de 2+7, um de 2+1+6, um de 2+2+5, um de 2+2+2+3, um de 2+2+2+2+1, um de 2+3+1+1+1+1+, um de 2+4+1+1+1, um de 3+4+2, um de 3+6, um de 4+5, um de 4+3+1+1, um de 5+3+1, um de 5+2+1+1 etc.

10 Búzios Abertos:

Possibilidades de um barracão de 10, um de 1+9, um de 1+1+8, um de 1+1+1+7, um de 1+1+1+1+6, um de 1+1+1+1+1+5, um de 1+1+1+1+1+1+4, um de 1+1+1+1+1+1+1+3, um de 1+1+1+1+1+1+1+1+2, um de 1+1+1+1+1+1+1+1+1+1, um de 2+8, um de 2+1+7, um de 2+2+6, um de 2+2+2+4, um de 2+2+2+2+2, um de 3+7, um de 3+3+4, um de 3+4+2+1, um de 4+6, um de 4+5+1, um de 4+3+1+1+1, um de 5+5, um de 5+3+1+1, um de 5+2+1+1+1, um de 6+2+2 etc.

11 Búzios Abertos:

Possibilidades de um barracão de 11, um de 1+10, um de 1+1+9, um de 1+1+1+8, um de 1+1+1+1+7, um de 1+1+1+1+1+6, 1+1+1+1+1+5, um de 1+1+1+1+1+1+1+4, um de 1+1+1+1+1+1+1+1+3, um de 1+1+1+1+1+1+1+1+1+2, um de 1+1+1+1+1+1+1+1+1+1+1, um de 2+9, um de 2+1+8, um de 2+1+1+7, um de 2+1+1+7, um de 2+1+1+1+1+5, um de 2+1+1+1+1+1+3, um de 2+2+7, um de 2+2+2+5, um de 2+2+2+2+3, um de 2+2+2+2+2+1, um de 3+8, um de 3+1+7, um de 3+2+6, um de 3+3+5, um de 3+4+4, um de 3+5+2, um de 4+7, um de 4+1+6, um de 4+2+5, um de 5+6 etc.

12 Búzios Abertos:

Possibilidades de um barracão de 12, um de 1+11, 1+1+10, um de 1+1+1+9, um de 1+1+1+1+8, um de 1+1+1+1+1+7, um de 1+1+1+1+1+1+6, um de 1+1+1+1+1+1+1+5, um de 1+1+1+1+1+1+1+1+4, um de 1+1+1+1+1+1+1+1+1+3, um de 3+3+3+3, um de 3+4+4, um de 4+4+4, um de 5+7, um de 5+6+1, um de 5+4+3, um de 5+4+1+1+1, um de 6+6, um de 6+2+4, um de 6+2+1+1+1+1, um de 6+3+3, um de 6+3+1+1+1, um de 6+4+2, um de 6+4+1+1, um de 6+3+2+1, um de 7+2+2+1, um de 7+4+1, um de 7+3+1+1, um de 7+2+3, um de 7+2+1+1+1, um de 8+4, um de 8+3+1, um de 9+3, um de 9+2+1, um de 10+2 etc.

13 Búzios Abertos:

Possibilidades de um barracão de 13, um de 12+1, um de 11+1+1, um de 10+1+1+1, um de 9+1+1+1+1, um de 8+1+1+1+1+1, um de 7+1+1+1+1+1+1, um de 6+1+1+1+1+1+1+1, um de 5+1+1+1+1+1+1+1+1, um de 4+1+1+1+1+1+1+1+1+1, um de 3+1+1+1+1+1+1+1+1+1+1, um de 2+1+1+1+1+1+1+1+1+1+1+1, um de 2+2+2+1+1+1+1+1+1+1, um de 2+2+2+2+1+1+1+1+1+1, um de 2+2+2+2+2+1+1+1, um de 2+2+2+2+2+2+1, um de 2+2+3+3+3, um de 2+2+3+3+1+1+1, um de 2+2+3+4+1+1, um de 2+2+5+1+1+1+1, um de 2+2+6+1+1+1, um de

2+2+7+1+1, um de 2+2+8+1, um de 2+2+9, um de 2+11, um de 3+10, um de 3+5+5 etc.

14 Búzios Abertos:
Possibilidades de um barracão de 14, um de 13+1, um de 12+1+1, um de 11+1+1+1, um de 10+1+1+1+1, um de 9+1+1+1+1+1, um de 8+1+1+1+1+1+1, um de 7+1+1+1+1+1+1+1, um de 6+1+1+1+1+1+1+1+1, um de 5+1+1+1+1+1+1+1+1+1, um de 4+1+1+1+1+1+1+1+1+1, um de 3+1+1+1+1+1+1+1+1+1+1 etc.

15 Búzios Abertos:
Possibilidades de um barracão de 15, um de 14+1, um de 13+1+1, um de 12+1+1+1, um de 11+1+1+1+1+, 10+1+1+1+1+1, um de 9+1+1+1+1+1+1+, um de 8+1+1+1+1+1+1+1, um de 7+1+1+1+1+1+1+1+1, um de 6+1+1+1+1+1+1+1+1+1, um de 5+1+1+1+1+1+1+1+1+1+1, um de 4+1+1+1+1+1+1+1+1+1+1 etc.

16 Búzios Abertos:
Possibilidades de um barracão de 16, um de 15+1, um de 14+1+1, um de 13+1+1+1, um de 12+1+1+1+1, um de 11+1+1+1+1+1, um de 10+1+1+1+1+1+1, um de 9+1+1+1+1+1+1+1, um de 8+1+1+1+1+1+1+1+1, um de 7+1+1+1+1+1+1+1+1+1, um de 6+1+1+1+1+1+1+1+1+1+1, um de 5=1+1+1+1+1+1+1+1+1+1 etc.

É possível perceber que as possibilidades de quedas e associações formadas são muitas, o que torna o jogo muito mais técnico e com uma forte numerologia associada. Nessa técnica, conhecer cada uma das associações se faz necessário à medida que para cada uma delas existe um significado próprio. Mas as intuições diante das possibilidades e associações numéricas também são permitidas e exploradas nessa técnica.

Nas possibilidades de interpretações, algumas situações são observadas — uma delas é o significado de alguns números. Alguns desses exemplos são os números 1, 3 e 6. Todas as vezes que esses números aparecerem dentro de qualquer um dos possíveis barracões, podem representar pessoas do sexo masculino. Os números 2, 4 e 5, por exemplo, podem estar associados a pessoas do sexo feminino.

Outros números também indicam situações específicas, como 7, 11 e 13. Esses números, quando sozinhos ou dentro de um barracão, representam situações difíceis. No caso do número 13, quando aparece em forma de barracão 12+1, representa caso de morte por acidente, doença etc. Quando aparece o número 13 ou o barracão 12+1 na primeira queda do jogo são necessários alguns procedimentos emergenciais de limpeza e proteção para o consulente ou mesmo para quem está jogando. No aparecimento dessa queda é despachada a água da quartinha na rua imediatamente.

Ainda dentro da técnica dos barracões é comum aparecerem búzios em cima um do outro. Nesses casos são problemas de demanda, quizila espiritual ou mesmo sobrecarga negativa de energia oriunda de trabalhos enviados para prejudicar o consulente ou filho de santo.

Na técnica dos barracões são utilizados 16 búzios para o jogo, um búzio para Exu e outros quatro búzios separados que servirão para confirmar as interpretações ou quedas. Esses quatro búzios adicionais são conhecidos como Búzios de Áláfia. Eles é que irão confirmar as interpretações em caso de dúvidas e deverão ser jogados ao lado dos barracões. Durante a utilização dos quatro búzios de Aláfia o Pai ou a Mãe de Santo confirmam a queda, perguntando sempre ao Orixá regente do jogo. Nas quedas de Aláfia as possibilidades de respostas são apenas cinco, conforme mostra a Tabela 10.

Tabela 10: As quedas de Aláfia

Queda	Confirmação
4 Búzios Abertos – Aláfia	Sim/Resposta Positiva
3 Búzios Abertos – Etawa	Talvez Sim/Resposta Positiva
2 Búzios Abertos – Mejii Laketu	Neutro/Não Respondeu
1 Búzio Aberto – Okaran	Talvez Não/Resposta Negativa
4 Búzios Fechados – Oyeku	Não/Resposta Negativa

Fonte: Tenda Espírita Caboclo Cobra Verde, 1994.

2.1.3. Os Portais Sagrados

No jogo de búzios, as moedas abrem um novo canal de possibilidades e interpretações. Colocadas em pontos específicos na tábua de Ifá ou peneira de jogo representam portais, indicando os sete portais sagrados.

Para colocar as moedas na peneira, deve-se em primeiro lugar dividir a peneira em oito partes iguais como é feito, por exemplo, com uma pizza. As duas fatias que ficam na parte superior na peneira representam o Portal Espiritual, as demais fatias seguem o sentido horário e representam, respectivamente, o Portal da Família, o Portal da Saúde, o Portal Profissional, o Portal dos Problemas, o Portal dos Relacionamentos e o Portal das Realizações.

Os portais são abertos à medida que um ou mais búzios caem abertos nessa área da peneira. Para confirmar a abertura do portal, é necessário utilizar os búzios de Aláfia conforme a Tabela 10.

Uma vez aberto o portal, o jogo passa a ser realizado direcionando as atenções à área específica apontada pelo portal. Quando o Portal Espiritual é aberto, todas as quedas que seguem estarão ligadas ao tema espiritualidade, o mesmo ocorrendo com os outros seis portais.

Para sair de uma área e entrar em outra é necessário confirmar novamente com os búzios de Aláfia para então iniciar a investigação em outro portal. É muito comum o consulente ou filho de santo solicitar o portal a ser aberto, nesse caso a solicitação é feita ao Orixá regente do jogo utilizando também os búzios de Aláfia.

Os portais sagrados são utilizados em conjunto com a técnica dos Barracões, podendo também ser utilizada na técnica dos Odus.

As sete moedas antigas utilizadas na indicação dos portais sagrados são energizadas e consagradas junto com os demais objetos utilizados no jogo de búzios. Outra particularidade é a inclusão de cristais (rocha de quartzo) identificando cada portal.

2.2. A Reza do Jogo

Adoro obatalá
Louvo orixalá,
Peço a orunmilá, ifá
Que venha ao meu eledá
Me ajudar nesta caída de búzios
Agô orunmilá ifá
Ifá agô orunmilá

A reza no jogo de búzios deve sempre anteceder a primeira queda, pois representa o início do jogo. Nela são invocadas as forças dos Orixás, abrindo-se assim o grande canal entre os mundos visíveis e invisíveis.

Antes de iniciar o jogo de búzios o Pai e ou Mãe de Santo veste roupa branca ou o traje ritualístico comum ao seguimento afro-religioso que segue. Também é comum o banho de limpeza, abrindo o canal de ligação com o Orixá regente. No altar ou local destinado ao sagrado, são acesas velas e incenso pedindo proteção e forças.

Entre o Pai e/ou Mãe de Santo e o consulente ou filho de santo são colocados um copo com água e um cristal de quartzo dentro e um castiçal com uma vela acesa. Este procedimento abre um canal de frequência e sintonia espiritual.

No chão, ao lado da mesa onde será realizado o jogo de búzios, é acesa uma vela junto à quartinha destinada ao Exu para proteção do local contra possíveis negatividades.

Existem alguns Pais e Mães de Santo que possuem o chamado Exu do Jogo. São assentamentos de Exu e/ou Pombagira destinados exclusivamente para segurança de quem joga búzios. Esses Exus e/ou Pombagiras são considerados também os mensageiros do jogo, pois são eles que trazem os consulentes para serem atendidos. No caso de Pai ou Mãe de Santo que cobra pelo jogo de búzios, esse assentamento é de extrema importância, pois representa um canal de "apoio" dos guardiões Exus e Pombagiras. Vejamos algumas rezas para iniciar o jogo:

Reza para iniciar o jogo

Oduduwá dadá orunmilá
Baba mi alari ki babá
Oludumaré baba mi
Baque oxê
Bara lonã
Cou fie baba mi
Emi lo xirê babá
Ifá bemim mojubaré
Ifá orun mojubaré
Ibá orun mojubaré

Babalorixá mojubaré
Oxalá mojubaré
Exú mogibá
(Bater com o pé esquerdo três vezes no chão)
O que oxê ifá agô
Agô orunmilá ifá,
Ifá agô orunmilá.
Odo por e nan emi na loré
Emejê quebá oriô
(Dizer o nome completo da pessoa e sua data de nascimento)
Por arrunsi misimi
Por arrunsi demin
(Dizer o nome completo da pessoa e sua data de nascimento)

Saudação para abertura do jogo pelo sistema IFÁ

Ifá Ogbô
Òmó Enirê òmó Enirê
Òmó ejó meji
Tíi Sarê Granran Ganran Lorí Erewê
Akerê Finú Sògbôn
Akonoliran bí iyê kán êní
Ibá bá akòdá
ibá Asèdá
Olojó òní Ibá a ré ô
Asé Asé Asé

Reza para o final do jogo, com o objetivo de passar a responsabilidade ao consulente, quando este não quiser tomar conhecimento das necessidades da realização dos ebós ou encaminhamentos.

Oruko awon
Orisí ifá miran
Touá nike yoruba ti o iá to si
Òrúnmìlá mi abibá
Oobi unle olokun
Olokun awo uo mipe

Reza para iniciar o jogo em Almas e Angola

Babá ua tijebé
Lorun ao
Elo elocoré ejô baradê
Tiré isé deca selae
Adinao tecileoa
Rum loji
Ajó loni
Dari axé
Mofon a
Sirue odon axé
Mope uni baba Oxalá
Mope uni Baba Xangô
Mope uni axé Aponfonja
Emi ajo consode
Elogigui node boinum
Megilaite fum-o
Orum orum miodum
Ebarica lofebecam
Agô emi eledá
(nome da pessoa para quem está sendo realizado o jogo)
Emibô elo ejó
Eluchecan Eguibô
Axé

2.3. Ebós para o Jogo

Para cada jogo ou queda existe um ebó específico. São obrigações, oferendas etc. específicas para afastar as negatividades. Existem ebós positivos e negativos. Ebós de odú, ebós de folhas, ebós que são presenteados. Ebó ancestral, ebós de Exú, ebós de carrego, ebós de Axexê, ebós de Osé, ebós de prosperidade, ebó de troca, ebós de Lua, ebó de Sol, ebó de chuva, ebós da madrugada, ebó de cachoeira, do rio, do mar, do cemitério. Ebó de hospital, de banco, de praça, de delegacia, de empresas, de igreja, de mato. Ebó de montanha, contra vícios, contra roubo. Ebós de limpezas, ebós de preparação para abrir um jogo de búzios. Ebós para chegar e para sair de lugares sagrados, enfim, ebós para muitas finalidades.

Oferenda aos Guardiões Exu e Pombagira na Tenda Espírita Caboclo Cobra Verde/2010.

O ebó não espera um dia para ser feito. Se for indicado deve ser realizado o mais rápido possível. Caso contrário não deve ser feito, pois ele se apresenta num caminho que pode ser transitório. O ebó existe permanentemente, até mesmo dentro do Terreiro; desde o momento em que entramos e saudamos a porta com água para esfriar o caminho, estamos realizando um ebó. O ebó na verdade é um mecanismo de limpeza, de proteção e de energização revitalizando a força. Na própria confecção do ebó tem a energia de quem está fazendo, tem a energia de quem vai passar, de quem vai levar ou despachar. Faz-se ebó com apenas um ovo. Faz-se ebó com apenas uma pedra de ofun ralado, com uma pimenta-da-costa. Faz-se ebó com a fé nas coisas simples, esta é a grande sabedoria ancestral. O ebó é fundamental para quem quer manter o equilíbrio vital.

Esses ebós representam possibilidades de melhora e são realizados obedecendo alguns rituais. Vejamos em que momentos ou quedas devem ser aplicados.

QUEDA: **1 búzio aberto e 15 fechados** – Quando essa queda aparece na primeira jogada, levanta-se de imediato e despacha-se a água da quartinha de Exu pedindo que sejam afastadas todas as negatividades que acompanham o consulente ou filho de santo. Para fazer esse ebó leva-se até uma encruzilhada um litro de cachaça com um charuto, uma caixa de fósforos, uma vela, um alguidar de barro com padê (farofa de farinha de mandioca com azeite de dendê) e um bife (carne vermelha) levemente passado no azeite de dendê. Essa obrigação é oferecida a Exu para afastar a negatividade.

QUEDA: **2 búzios abertos e 14 fechados** – Em uma estrada ou em campo aberto é levado um inhame assado com sete acaçás, uma cerveja, uma vela branca e outra vermelha, uma caixa de fósforos, um charuto. Dentro de um alguidar de barro são colocados o inhame e os acaçás regados com mel e dendê. No lado colocam-se as velas, a cerveja e a caixa de fósforos oferecendo a Ogum para que esse abra os caminhos e afaste toda a negatividade.

QUEDA: 3 búzios abertos e 13 fechados – A jogada sugere a realização de um ebó branco, para afastar a negatividade. Depois da limpeza, é oferecido ao Orixá Omulu numa gruta ou na casa das almas um alguidar com arroz branco coberto com pipocas e regado com azeite de dendê, pedindo proteção e saúde. Ao lado da oferenda acendem-se três velas: uma preta, uma vermelha e uma branca.

QUEDA: 4 búzios abertos e 12 fechados – Oferecidos a Xangô, dentro de uma gamela de madeira, são colocados quatro maçãs verdes, quatro quiabos grandes, quatro moedas, quatro acaçás, quatro velas brancas e uma cerveja preta. Essa obrigação é entregue na cachoeira em cima de uma pedra.

QUEDA: 5 búzios abertos e 11 fechados – Na cachoeira são entregues dentro de um balaio ou cesta de vime cinco espelhos pequenos, cinco quindins, cinco moedas, cinco rosas brancas ou amarelas, cinco bonequinhas pequenas, cinco velas e uma garrafa de água mineral sem gás. Essa oferenda, entregue a Oxum, objetiva abrir os caminhos e as possibilidades de ganhos espirituais e materiais.

QUEDA: 6 búzios abertos e 10 fechados – Na mata, entregues ao Orixá Oxóssi e colocadas embaixo de uma árvore, são ofertados seis tipos de frutas (maçã, mamão, pera, goiaba, laranja, banana e caju). Junto das frutas são colocadas seis velas e uma garrafa de vinho branco. Além das frutas, do vinho e das velas, devem ser entregues seis moedas e seis acaçás oferecidos dentro de uma abóbora-moranga (previamente limpa).

QUEDA: **7 búzios abertos e 9 fechados** – Antes de entregar qualquer tipo de oferenda é necessária a realização da limpeza espiritual denominada sacudimento, para afastar todas as negatividades apontadas pela queda. Após o sacudimento, entrega-se na cachoeira (gruta) ou no gongá (altar) um alguidar de barro com sete folhas de mamona forrando o prato, feijão-preto cozido e amassado, sete pedaços de carne de porco fritos no dendê e colocados por cima do feijão. Acompanha sete velas brancas acesas.

QUEDA: **8 búzios abertos e 8 fechados** – Oferecer ao Orixá Oxaguiã, dentro de uma tigela branca de porcelana, oito bolinhos de inhame amassado, oito acaçás, oito bolinhos de arroz branco, canjica, flores brancas e uma vela de sete dias acesa.

QUEDA: **9 búzios abertos e 7 fechados** – Oferecer um manjar branco, nove acaçás, nove moedas, nove búzios abertos, nove rosas brancas, nove velas brancas. Tudo deve ser oferecido na praia para Yemanjá.

QUEDA: **10 búzios abertos e 6 fechados** – Entregar para Oxalá 10 acaçás brancos, 10 rosas brancas e uma vela branca de sete dias. A oferenda deve ser entregue no gongá (altar) acompanhada de outro prato com canjica regada no azeite doce e um pouquinho de mel.

QUEDA: **11 búzios abertos e 5 fechados** – São oferecidos onze acarajés dentro de uma alguidar de barro. Acompanham flores e uma vela de sete dias acesa e oferecida ao Orixá Inhasã.

QUEDA: **12 búzios abertos e 4 fechados** – Dentro de uma gamela é colocado um pedaço de carne de peito (carne vermelha) assada no mel dentro de uma panela de barro e 12 quiabos. Antes de colocar a carne e o quiabo, forra-se a gamela com um pirão feito de farinha de mandioca e o restante do mel que fica na panela. Acompanha uma cerveja preta e 12 velas. A oferenda é entregue na cachoeira em cima de uma pedreira, oferecendo ao Orixá Xangô.

QUEDA: **13 búzios abertos e 3 fechados** – Antes da oferenda é realizado um ebó branco. Depois são oferecidas flores para o Orixá Nanã, um melão aberto e cortado em sete fatias e uma vela branca de sete dias. São oferecidos também oferendas para Omulu pedindo proteção.

QUEDA: **14 búzios abertos e 2 fechados** – Deve-se entregar em um jardim: balas, doces, flores, velas, todas oferecidas às beijadas (crianças) pedindo proteção e força espiritual.

QUEDA: **15 búzios abertos e 1 fechado** – Devem ser entregues ao Orixá Oxumarê dentro de um alguidar de barro vitrificado uma batata-doce assada sem casca e regada no mel, quinze moedas, quinze acaçás e uma vela de sete dias branca acesa.

QUEDA: **16 búzios abertos** – Na queda Aláfia são oferecidos canjica e dezesseis acaçás brancos a Ifá Senhor da Adivinhação. Por ser uma ótima queda, a oferenda é feita em agradecimento. Acompanhando a canjica e os acaçás, é acesa uma vela de sete dias branca.

QUEDA: **16 búzios fechados** – No jogo existe a possibilidade de os búzios não abrirem, não sendo possível realizar as jogadas. Nesse caso, é necessário esperar 24 horas para reiniciar o jogo. Muitos Pais e/ou Mães de Santo, quando o jogo não abre, realizam uma limpeza nos búzios e oferecem "comida" ao Orixá regente do jogo. Outros fazem uma oferenda a Ifá pedindo proteção e licença novamente para realizarem as jogadas.

Uma informação que deve ser sempre lembrada é o fato de alguns Pais e Mães de Santo cobrarem para jogarem os búzios. Na verdade a cobrança se faz necessária, pois a manutenção do jogo é realizada com a constante entrega de oferendas e velas ao Orixá regente do jogo e também ao Exu, que protege o Pai ou a Mãe de Santo de possíveis problemas ou negatividades provenientes dos consulentes ou filhos de santo para quem são realizadas as consultas.

A cobrança obviamente deve obedecer à quantia necessária para a manutenção do jogo e não pode ser feita aleatoriamente, sob pena da fúria de Ifá ou do Orixá regente.

Outro ponto também importante é o encaminhamento depois do jogo de búzios. Uma vez detectado o problema ou a negatividade, o Pai ou a Mãe de Santo deve obrigatoriamente realizar os ebós sugeridos para cada queda, pois esse procedimento faz parte da responsabilidade e do juramento feito diante do Orixá regente e de Ifá na entrega da Mão de Búzios. Obviamente esses ebós só podem ser realizados com o consentimento do consulente ou filho de santo.

O compromisso e a responsabilidade com os fundamentos do jogo de búzios são imprescindíveis para que o resultado final seja no mínimo satisfatório.

Vejamos a seguir outras oferendas e ebós utilizados para o jogo de búzios, lembrando sempre que as oferendas e os ebós devem ser feitos acompanhados por pessoas devidamente preparadas e com a devida orientação do Pai ou Mãe de Santo.

▶ Padê para Exu

Ingredientes:
- 1 pacote de farinha de milho amarela
- 1 vidro de azeite de dendê
- 1 cebola grande

- 1 bife
- 3 charutos
- 1 caixas de fósforo
- 1 garrafa de aguardente
- 7 pimentas vermelhas

Modo de preparo: Em um alguidar coloque a farinha de milho e um pouco de dendê; depois, usando as mãos, faça uma farofa bem fofa sempre mentalizando seu pedido. Corte a cebola em rodelas e refogue ligeiramente no dendê, faça o mesmo com o bife. Cubra o padê com as rodelas de cebola e no centro coloque o bife, enfeite com as sete pimentas. Ofereça o padê a Exú, não esquecendo os charutos e aguardente.

Amalá para Xangô

Ingredientes:
- 500 g de quiabo
- 1 rabada cortada em doze pedaços
- 1 cebola
- 1 vidro de azeite de dendê
- 250 g de fubá branco

Modo de preparo: Cozinhe a rabada com cebola e dendê. Em uma panela separada faça um refogado de cebola e dendê, separe 12 quiabos e corte o restante em rodelas bem tirinhas, junte a rabada cozida. Com o fubá, faça uma polenta e com ela forre uma gamela, coloque o refogado e enfeite com os 12 quiabos, enfiando-os no amalá de cabeça para baixo.

▶ Frutas para Oxóssi

Ingredientes:
> 7 tipos de frutas
> Coco cortado em tirinhas

Modo de preparo: Em um alguidar ou cesta, coloque 7 tipos de frutas bem bonitas (exceto abacaxi, mimosa, limão) e enfeite com folhas de goiaba e coco cortado em tirinhas.

▶ Omolokum de Logun

Ingredientes:
> 500 g de feijão-fradinho
> 500 g de milho
> 1 cebola
> 4 ovos
> azeite de oliva

Modo de Preparo: Coloque o feijão-fradinho para cozinhar com cebola e azeite de oliva. Em outra panela cozinhe o milho. Depois do feijão-fradinho cozido, amasse-o bem até formar uma pasta. Em uma travessa coloque o omolokum (massa do feijão-fradinho), de maneira que ocupe a metade da travessa e na outra metade coloque o milho cozido, regue com azeite de oliva e enfeite o omolokum com os quatro ovos cortados em quatro. Enfeite o milho com coco cortado em tirinhas.

▶ Abacate para Ossãe

Ingredientes:
> 1 abacate
> 500 g de amendoim
> 250 g de açúcar
> fumo em corda
> 7 folhas de louro

Modo de preparo: Corte o abacate no meio e tire a semente, coloque as duas partes numa travessa com a polpa virada para cima. Numa panela misture o amendoim e o açúcar e mexa até derreter o açúcar, derrame essa mistura sobre o abacate. Enfeite com pedaços de fumo em corda e as 7 folhas de louro.

▶ Serpente de Oxumaré

Ingredientes:
> 500 g de batata-doce
> dendê
> Feijão-fradinho

Modo de preparo: Depois de cozinhar a batata-doce, descasque, regue com dendê e amasse-a até formar uma massa homogênea. Em um alguidar molde duas serpentes em forma de círculo, fazendo com que a cauda de uma se encontre com a cabeça da outra. Com o feijão-fradinho forme os olhos e enfeite o restante do corpo com alguns grãos de feijão-fradinho (a seu critério), regue com dendê e ofereça ao orixá.

Omolokum para Oxum

Ingredientes:
- 500 g de feijão-fradinho
- 1 cebola
- azeite de oliva
- 8 ovos

Modo de preparo: Cozinhe o feijão-fradinho com cebola e azeite de oliva; depois de cozido, amasse-o bem até formar uma pasta. Coloque em um recipiente de louça, enfeite com os 8 ovos cozidos cortados em quatro e regue com bastante azeite de oliva.

Acarajés para Iansã

Ingredientes:
- 500 g de feijão-fradinho
- 500 g de cebola
- 1 litro de azeite de dendê

Modo de preparo: Em um processador (pode ser pilão), triture o feijão-fradinho, deixe de molho por meia hora e após descasque os feijões, coloque o feijão no processador e vá adicionando a cebola cortada em pedaços. Bata até formar uma massa firme. Despeje numa tigela e bata a massa com uma colher de pau até formar bolhas, coloque sal a gosto. Numa frigideira coloque o azeite de dendê e deixe esquentar bem, com a colher vá formando os bolinhos e fritando até dourar. Coloque-os em um alguidar.

Moranga para Obá

Ingredientes:
- 1 moranga
- 500 g de camarão limpo
- 1 maço de línguas de vaca
- 1 cebola
- dendê

Modo de preparo: Cozinhe a moranga inteira. Depois de cozida abra um círculo em cima da moranga, tire a tampa e as sementes. Corte a língua de vaca em tiras (como se corta couve), refogue com cebola, dendê e os camarões, coloque o refogado dentro da moranga e ofereça a Obá.

Farofa para Tempo/Iroko

Ingredientes:
- 500 g de farinha de mandioca torrada
- 1 vidro de mel
- 1 pepino

Modo de preparo: Coloque a farinha de mandioca em um alguidar, vá colocando o mel e com as mãos faça uma farofa. Corte o pepino em três partes no sentido longitudinal, coloque as fatias do pepino sobre a farofa de maneira que elas fiquem em pé, regue com mel.

Feijoada para Omulu

Ingredientes:
- 500 g de feijão preto
- Ingredientes para feijoada
- dendê
- 1 cebola
- coco

Modo de preparo: Prepare uma feijoada normal, porém, tempere-a com cebola e dendê, coloque a feijoada em um alguidar e enfeite com coco cortado em tirinhas.

Pipoca para Obaluaê

Ingredientes:
- 300 g de milho de pipoca
- 1 bisteca de porco
- dendê
- coco
- areia de praia (na falta desta, areia fina de construção peneirada)

Modo de preparo: Em uma panela ou pipoqueira, aqueça bem a areia da praia, coloque o milho de pipoca e estoure normalmente. Coloque em um alguidar. Frite a bisteca no dendê e coloque sobre a pipoca, enfeite com coco cortado em tirinhas.

Feijão para Ogum

Ingredientes:
- 500 g de feijão cavalo
- 1 cebola
- 1 vidro de dendê
- 7 camarões grandes

Modo de preparo: Cozinhe o feijão e tempere-o com cebola refogada no dendê, coloque em um alguidar e enfeite com os camarões fritos no dendê. Faça seus pedidos e ofereça a Ogum.

Manjar para Yemanjá

Ingredientes:
- 250 g de creme de arroz
- 1 pescada inteira
- azeite de oliva

Modo de preparo: Faça um mingau com o creme de arroz e água e uma pitada de sal. Limpe a pescada e asse-a na oliva. Coloque o mingau numa travessa de louça, deixe esfriar e coloque a pescada assada sobre o manjar, regue com oliva.

Ebó para Nanã

Ingredientes:
- 500 g de quirerinha branca
- 1 coco
- azeite de oliva

Modo de preparo: Cozinhe a quirerinha com bastante água para que ela fique meio "papa" e tempere-a com azeite de oliva. Coloque em uma tigela de louça, descasque, rale o coco e cubra a quirerinha com ele.

▶ Ebó para Oxalá

Ingredientes:
› 500 g de canjica branca
› 1 cacho de uva Itália (uva branca)
› Azeite de oliva

Modo de preparo: Cozinhe a canjica e coloque em uma tigela branca. Tempere-a com azeite de oliva, mel e um pouco de açúcar, enfeite tudo com o cacho de uva.

Pequeno Dicionário Afro-Religioso

A

ABADÁ – Veste branca ou de cor, de mangas largas, usada pelos Yorubás.

ABASSÁ – Terreiro de Candomblé que segue os preceitos da nação Angola.

ABEBÊ – Leques de Oxum e Yemanjá, sendo o de Oxum em metal dourado e o de Yemanjá em metal prateado.

ABIAN – Nome dado ao iniciado no Culto dos Orixás que ainda não recebeu qualquer tipo de obrigação.

ABÔ – Banho de ervas sagradas dos Orixás.

ACAÇÁ – Comida ou alimento dos Orixás. Bolo feito com massa de farinha de milho branco ou arroz, cozido em água, sem sal e envolto em folhas de bananeira. É comida votiva de Oxalá, mas pode ser ofertada a qualquer outro Orixá.

ADJÁ – Pequeno sino cerimonial. Campânula de metal com duas ou mais bocas tocadas pelo Pai ou Mãe de Santo, nas cerimônias rituais, a fim de facilitar o transe dos filhos de santo.

AJÉ – Feiticeira.

ANGOLA – Região do sudoeste da África de onde vieram negros escravos para o Brasil, trazendo vários dialetos de origem Bantu como Kimbundo, Embundo, Kibuko e Kikongo.

ASSENTAR – Consagrar objetos lançando mão de apetrechos e rituais, a fim de oferecê-los ao Orixá que se quer.

ATABAQUES – São três tambores de tamanho pequeno, médio e grande que marcam o ritmo e a cadência dos cânticos. O maior se chama RUM, o médio RUMPI e pequeno LÉ.

ATIM – Pó de pemba.

AXÉ – Força vital que dá vida a todas as coisas, presente especialmente em objetos ou seres sagrados, também nome de objeto sagrado. Expressão utilizada para passar força espiritual. Pode ser ainda o mesmo que amém, assim seja.

AXEXÊ – Ritual fúnebre para libertar o espírito da matéria.

B

BABA – Pai.

BABÁ – Expressão usada para saudar Oxalá.

BABALAÔ – O sacerdote do culto de Ifá. Quer dizer: aquele que tem o segredo. Diz-se da pessoa que pode ver através do jogo de Opelê-Ifá (jogo de búzios).

BABALORIXÁ – Sacerdote líder. Só pode chegar a essa posição depois de sete anos de ter sido feito no santo. O mesmo que Pai de Santo.

BABALOSANYIN – Pessoa (com preparo especial) encarregada de colher as ervas sagradas dos Orixás.

BABA KEKERÊ – O mesmo que Pai Pequeno.

BARRACÃO – Onde as cerimônias tomam lugar.
BORI – Sacrifício animal, cerimônia, primeiro estágio da iniciação.

C

CABAÇA – Fruto do cabaceiro, utilizado em diversas formas e em diversos rituais.
CALUNGA – Termo que designa uma espécie de entidade da linha de Yemanjá. Pode ainda significar Cemitério (Calunga Pequena) e mar (Calunga Grande).
CAMBONA(O) – Auxiliar sagrado dos rituais de Umbanda.
CAMUTUÊ – Cabeça dos filhos de santo.
CANDOMBLÉ – Nome que define os cultos afro-brasileiros de origem Jêje, Yorubá ou Bantu.
CAÔ – Saudação a Xangô.
CARREGO – Pode ser um despacho, uma obrigação ou qualquer tipo de carga negativa.
CAVARIS – Conchas da África, búzios, instrumento pelo qual se faz as consultas a Ifá.
CAXIXI – Instrumento utilizado nos cultos para acompanhar os cânticos. É feito com vime trançado e tem em seu interior algumas sementes.
COLOFÉ – Bênção.
CONGO – Subdivisão do Angola-Congo. Congo é a nação do povo Bantu.
CURIMBA – Os cânticos realizados na Umbanda.

D

DÃ – O mesmo que Oxumarê.
DAGÃ – Filha de santo antiga na casa, encarregada de tratar dos Exus.

DAOMÉ – O mesmo que DAHOMEY, antigo nome da atual República de Benin, na África.

DESPACHO – Algum ebó que se oferece aos Orixás em troca de conseguir o que se quer. O despacho é feito fora do terreiro e geralmente envolve queima de pólvoras e holocaustos.

E

EBÁ – Despacho feito a Exu.

EBÓ – Toda e qualquer comida ritualística oferecida aos Orixás, independentemente se é para agradar o Orixá ou para servir como despacho, por exemplo.

EDU – Carvão.

EFÓ – É comida de Ogum, feita com caruru e ervas.

EGÊ – Sangue de animais.

EGUN – Alma, espírito desencarnado.

ELEDÁ – Senhor dos vivos. Entidade que governa o corpo material. Um dos títulos de Olorum. Pode ser também o primeiro Orixá da cabeça de uma pessoa.

ELUÔ – Adivinhador.

EPÔ – Azeite de dendê.

ERÊ – Espírito infantil que incorpora depois dos Orixás, a fim de transmitir recados aos Yaôs. Quando se recolhe, passa-se uma semana incorporado por Erê.

EWÊ – Folha.

EXU – Orixá da comunicação, senhor dos caminhos. É o primeiro a ser reverenciado nos rituais e trabalha tanto para o bem como para o mal.

F

FÁ – Divindade correspondente a Ifá, Orixá da sabedoria e da adivinhação.

FAZER A CABEÇA – Ritual de iniciação que tem por objetivo tornar a pessoa apta a incorporar o Orixá.

FILÁ – Capuz confeccionado com palha da costa que cobre o Orixá Obaluaê.

FON – Uma das tribos que trouxe para o Brasil a cultura Jêje, a qual cultua os voduns.

G

GANGA-ZUMBÁ – Foi um dos mais famosos chefes guerreiros que abrigavam escravos foragidos no Quilombo dos Palmares. Era um dos mais respeitados naquela comunidade, por isso tinha todas as honras, era tratado como o rei dos escravos.

GÊGE – O mesmo que Jêje ou Jejê, tribo com dialeto próprio oriundo do antigo Dahomey. Mesma tribo que implantou o culto aos voduns no Brasil. Atualmente, eles se fundiram com seus tradicionais inimigos, os Yorubás, que aqui levam o nome de Nagôs, formando, então, uma tribo ramificada, a "Jêje-Nagô-Vodum".

GONZEMO – Altar do povo de Angola.

GUÊRRE – Farinha de mandioca usada na preparação de comidas.

GUIA – Fio de contas usado nos rituais afro-brasileiros. Na maioria das vezes essas guias correspondem aos Orixás do Filho de Santo.

I

IBARU – Uma das 12 qualidades de Xangô, Xangô com ligação com o fogo.

IBI – Caramujo que é oferecido em pratos sagrados aos Orixás, principalmente Oxalá e Ogum.

IBIRI – O Cetro usado por Nanã, com uma das pontas recurvada. Nanã dança com ele tal como a mãe nina o filho. Segundo algumas lendas Yorubá, este gesto representa o arrependimento por ter abandonado Omolu, seu filho.

IFÁ – Deus da adivinhação e da sabedoria que orienta aqueles que o consultam.

ILÊ – Casa de Candomblé.

INKICE – O mesmo que Orixá nos cultos de origem Bantu.

IROKO – Gameleira branca, morada dos Orixás. É também o nome do Orixá Funfum, filho de Oxalá, cultuado na gameleira branca, na Nigéria, pois não é cultuado no Brasil.

ITÁ – OTÁ – Pedra sagrada dos Orixás.

IXÉ – Local nas casas de culto onde ficam os assentamentos do barracão. Representa a ligação direta do Orum com o Aiyê.

IYAMI OXORONGÁ – É a principal das Iyá Mi Ajé, que quer dizer: Minha mãe feiticeira. É a mais poderosa de todas, tem a força feminina equivalente a de Exu. Trata-se de uma entidade muito respeitada e temida. Seu culto é extremamente feminista, uma vez que Iyami não permite ser cultuada por homens.

J

JÁ – Briga, luta.

JACUTÁ – Atirador de pedras. No Brasil, recebeu a conotação de qualidade de Xangô.

JAGUN – Guerreiro. É também uma das qualidades do Orixá Obaluaê.

JEJE – Tribo introduzida no Brasil por meio do tráfico de escravos vindos do Dahomey.

JONGO – Ritual folclórico dos negros Yorubás.

JURÁ OLUÁ – Santuário.

K

KABULA – Tribo Bantu predominante no Espírito Santo que, por serem muito arredios, deu origem à palavra encabulado.

KATENDE – O mesmo que Ossayn.

KAWO KABIESILE – Saudação para o Orixá Xangô.

KELÊ – Colar do iniciado. Gravata feita com miçangas e firmas, nas cores do Orixá a que é dedicado, e colocada nos Yaôs durante a feitura para ser usada no resguardo.

KETÚ – Tribo Yorubá que manteve sua cultura intacta, arraigada entre os brasileiros. Conservou as tradições aos rituais e às cantigas, inclusive com o idioma de amplo vocabulário que permite comunicação perfeita entre os que se dedicam ao seu aprendizado.

L

LAQUIDIBÁ – Espécie de colar feito com raízes ou chifres de búfalo, muito utilizado na Nigéria, ao redor do umbigo, para proteger as crianças das doenças. No Brasil, é utilizado como guia (no pescoço) consagrada a Omolu, o senhor das doenças.

LAROIÊ – Saudação brasileira para Exu.

LEBÁ – Exu.

LEBARA – Exu, no seu aspecto de "Senhor da Força".

LUGUN EDÉ – Orixá filho de Oxum e de Oxóssi, que herdou as características do pai e da mãe. Dessa forma, tanto pode ter seu culto no rio, quanto na terra. É seis meses macho, quando vive na floresta caçando, e seis meses fêmea, vivendo no rio com sua mãe Oxum.

M

MÃO DE OFÁ – Pessoa incumbida de colher folhas para rituais.
MARAFA – Cachaça.
MARIWÔ – A folha da palmeira desfiada, que forra as entradas das casas de culto aos Orixás.
MEGÊ – O número sete.
MEJI – O número dois.
MOILA – Vela.
MUGUNZÁ – Comida feita com milho branco cozido, leite, leite de coco, sal, açúcar, cravo e canela.

N

NANÃ – Vodun Jêje assimilado pela cultura Yorubá, hoje cultuada em todas as casas de etnia Ketu, no Brasil.

O

OBI – Fruto africano utilizado em diversos rituais.
ODARA – Bom.
ODU – Destino.
ODUDUWÁ – Orixá ligado à criação do mundo, que arrebatou Obatalá e criou a Terra. Foi um grande guerreiro e conquistador, mas, no Brasil, é cultuado como Orixá feminino.
OGAN – "Guarda" selecionado por orixás, não entra em transe, mas age como auxiliar sagrado nos rituais. É o cargo exercido exclusivamente por homens. Dentro da hierarquia do Santo, vem logo depois do Zelador ou Zeladora, e é tratado como pai no santo, tendo o mesmo *status* da Zeladora ou do Zelador. Geralmente são filhos de entidades espirituais e são os únicos a quem o Zelador ou Zeladora deve tomar a bênção dentro da casa do Axé.

OJÁ – Pano utilizado pelas baianas para cobrir o peito. Pano também utilizado para vestir os atabaques.

OLODUMARÊ – O senhor dos destinos.

OLUWÔ – Pessoa que vê através do jogo de búzios.

OMIN – Água.

OPELÉ-IFÁ – Colar feito com oito nozes de Ikin, ligadas por uma corrente, para leitura dos Odus.

ORIKI – Nome da saudação do Orixá.

OROBÔ – Fruto natural da África, utilizado em diversos rituais.

ORUM-BABÁ – O pai do céu.

ORUN – Espaço sagrado, o céu.

OSÉ – Semana. Ou pode ter o significado de limpar os assentamentos dos Orixás.

OSSÉ – Oferendas.

OTÁ – Pedra consagrada aos Orixás.

OXUPÁ – A lua.

OYÓ – Cidade da Nigéria fundada pelo pai de Xangô, que a deu de presente ao filho transformando Xangô no rei de Oyó. Este é um dos locais onde o culto ao Orixá Xangô é mais forte.

P

PAXORÔ – O cetro sagrado de Oxalá. O símbolo que ele traz na mão direita quando dança, simbolizando o elo entre a Terra e o céu.

PADÊ – Encontro, reunião. Porém, no Brasil, também significa a cerimônia de despachar a Exu, antes de começar os trabalhos rituais.

PEJI – Quarto onde ficam os assentamentos, ou seja, local da personificação dos Orixás onde são guardados seus símbolos e colocadas suas oferendas. Funciona como uma espécie de santuário.

PEJIGAN – O Ogan de confiança que zela pelo PEJI cuidando de tudo, desde a limpeza até os pequenos reparos, se forem necessários.

PEMBA – É um pó preparado com diversas folhas e raízes para ser utilizado nos rituais para diversas finalidades. Pode ainda ser um tipo de giz que os guias utilizam para riscar os pontos que os identificam.

PEPELÊ – Local onde ficam os atabaques.

PEREGUM – Folha muito utilizada em rituais de descarrego.

Q

QUEDA DO QUELÊ – Uma cerimônia realizada algum tempo depois da iniciação (três meses depois), para a retirada do Quelê. A Queda do Quelê, como é denominada, tem todo um ritual próprio.

QUELÊ – É como se fosse uma gravata de Orixá colocada no Yaô, durante a iniciação. Ela serve para indicar que o iniciado, a partir daquele momento, está sujeito ao seu Orixá. As gravatas dos iniciados têm cores variadas, para cada Orixá, e é usado um tipo de cor que o identifique. Por exemplo: um iniciado que tem como Orixá Ogum usará o Quelê vermelho, e assim por diante.

QUENDAR – Andar.

QUIMBÁ – Espírito das Trevas.

R

RONKÓ – Quarto de santo destinado à iniciação.

RUM – O maior dos atabaques, utilizado para a marcação dos toques dos Orixás.

RUMPI – É o atabaque médio que puxa os ritmos ou faz o contraponto no toque do Lê, que é o atabaque menor.

RUNGEBÊ – Contas sagradas de Obaluaê.

RUNGEVE – Colar que as filhas de santo, com mais de sete anos de iniciadas, usam.

RUNTÓ – Nome que leva o tocador de atabaques (Ogan Ilu) na cultura Jêje. E é também uma das saudações a Ogum.

S

SAPONAN – Orixá da varíola e das doenças contagiosas. Entre os Yorubás este nome era proibido de ser pronunciado; sendo assim, eles o chamavam de Obaluaê.

SARAVÁ – Saudação dos Orixás, muito usada nos cultos de Umbanda.

SÈGI – Colar de contas azuis, feito com dois tipos de azul: um azul mais escuro, que é de Ogum, e um outro mais claro, que é de Oxalá.

SIDAGÃ – É a substituta imediata de Otun-Dagan, que é a filha da casa encarregada de tratar e despachar Exu, antes de iniciar as cerimônias rituais.

SIRRUM – Cerimônia fúnebre muito utilizada na nação de Angola, para desprender o corpo material do espírito.

SOBA – Uma das qualidades de Yemanjá no Brasil.

T

TARAMÉSSU – Mesa usada pelo Tata Ti Inkice para a consulta ao jogo de Ifá (jogo de búzios).

TAUARI – Cigarro de palha.

TEMPO – Entidade de origem bantu que no Brasil é cultuado como Ktempo = vento.

TEREXÊ – Em certas nações, tem o significado de mãe pequena.

TERREIRO – Nome dado às casas de culto aos Orixás.

TOBOSSI – Entidade Jêje. Uma espécie de Erê menina.

U

UBATÁ – O mesmo que Bata – sapato.
UMBÓ – Cultuar.

V

VATAPÁ – É a comida de Ogum.
VODU – Tipo de culto muito difundido nas Antilhas e em algumas regiões de Benin, na África, e nada tem a ver com o culto aos Orixás.
VODU AIZÃ – Vodum da terra que tem ligação com a morte. Mais ou menos correspondente a Onilé, o Senhor da Terra.
VODUM – Entidade do culto Jêje, correspondente aos orixás Yorubás.
VUMBE – No idioma bantu significa morto ou espírito do morto. A expressão "Tirar a mão do Vumbe" significa fazer cerimônia para tirar a mão do falecido. Em outras palavras, fazer cerimônia para que ele se desprenda das coisas materiais e encontre o seu caminho no mundo espiritual.
VUNGI – Orixás crianças (nação de Angola).

W

WÁRI – Uma das qualidades de Ogum cultuada no Brasil.
WARIN – WARU – Nome do Deus das doenças eruptivas (sífilis, varíola, lepra etc.).

X

XAMAN – Deus dos indígenas.
XANGÔ – Deus do raio e do trovão. Foi o segundo rei de Oyá e, segundo as lendas Yorubás, reinou com tirania e crueldade.

Xangô não nasceu Orixá porque sua mãe era humana. Ele só se tornou Orixá após a morte, quando voltou ao Orun.

XAORÔ – Guizo que os iniciados usam no tornozelo como um símbolo de sujeição.

XAPANÃ – Deus das doenças. O Obaluaê dos Yorubás.

XAXARÁ – Símbolo do Orixá Obaluaê. Feito com as nervuras das folhas de palmeira e enfeitado com búzios e miçangas, é o que Obaluaê traz nas mãos quando dança, personificando os ancestrais.

XIRÊ – Vem do verbo brincar, podendo, assim, significar divertir, jogar. Ou ainda o Xirê cantado para os Orixás = cântico dos Orixás.

XOROQUÊ – Uma das qualidades de Ogum no Brasil.

Y

YABÁ – Rainha. Termo usado para designar os Orixás femininos, principalmente àquelas que foram realmente rainhas em passagens pela Terra como Yansã, Oxum e Obá, esposas do Rei Xangô.

YANSÃ – A mesma Iansã deusa das tempestades, ventania e trovões. A mãe dos nove espaços sagrados.

YAÔ – Quer dizer esposa. Mas, no culto aos Orixás, significa sujeição a eles. Submissão de esposa de Orixá.

YEMANJÁ – Na Nigéria ela é cultuada como Deusa do Rio Ogum, sendo um Orixá de Rio. Porém, no Brasil, ela é cultuada como Deusa das águas salgadas, confundida com sua mãe.

YORUBÁ – Povo nigeriano que se dividiu em diversas tribos ou nações. São elas: os Ketu, os Oyó, os Igejá, os Gêges e os Nagôs. Embora divididos em tribos diferentes, mantiveram a mesma cultura. É óbvio que houve algumas deturpações, mas as origens de culto são as mesmas.

Z

ZAMBI – Deus dos angolanos.
ZUMBI – Deus cultuado para os rituais maléficos.

Considerações Finais

Não é possível concluir o livro sem mencionar a importância do jogo de búzios para a cultura, e principalmente religiosidade, afro-brasileira. Pois se trata de uma prática que merece destaque, não só por sua dimensão histórica, mas principalmente por contribuir para a afirmação positiva das raízes africanas no Brasil.

A arte do jogo de búzios é na realidade um forte exemplo da presença das etnias africanas em nosso país, consolidando a ideia de pluralidade cultural e religiosa na formação do povo brasileiro.

Trazida pelos escravos africanos, representa uma herança que ganhou força e espaço nas terapias alternativas e que são amplamente procuradas por todos aqueles que acreditam na magnitude dos conhecimentos legados pelos ancestrais africanos.

No Ritual de Almas e Angola, tal prática deve-se à introdução feita pela Yalorixá Guilhermina Barcelos – Mãe Ida de Xangô. Suas convicções e o desejo de divulgar a prática do jogo de búzios e principalmente o culto aos Orixás foram decisivos na ampliação do número de Pais e Mães de Santo que fazem do jogo um canal de contato com as forças dos Deuses Africanos. Falar de jogo de búzios em Almas e Angola sem mencionar a importância de Mãe Ida é ignorar a força dos mais velhos nos cultos afro-religiosos. São os nossos antecessores os grandes personagens dessa rica história construída em mais de 500 anos de colonização e manutenção dessa cultura em nosso país.

A todos aqueles que vieram antes de Mãe Ida, de Mãe Tereza e de Pai Evaldo devo agradecer e dizer que o grande valor da vida é manter viva a fé, o crédulo e a confiança na existência de um Deus que nos fala pela voz da experiência e nos toca a cada ação de amor e solidariedade.

Após a conclusão dessa obra, só posso agradecer a Deus pela oportunidade de ter convivido com pessoas tão especiais. Foram eles os meus grandes mestres, além de exemplos de determinação, coragem e força.

Símbolo do Ritual de Almas e Angola

Referências Bibliográficas

BASTIDE, Roger. *As religiões africanas no Brasil*. São Paulo: Pioneira, 1985.

CARDOSO, Fernando Henrique. *Negros em Florianópolis – relações sociais e econômicas*. Florianópolis: Insular, 2000.

CARNEIRO, E. *Negros bantos*. Rio de Janeiro, 1937.

CARMO, Gabriela. *Conhecendo os orixás, eguns e outros*. São Paulo: Ícone, 1991.

FELIX, Cândido Emanuel. *A cartilha da Umbanda*. Rio de Janeiro: Eco, 1965.

GOMES, Vera Braga de Souza. *O Ritual da Umbanda – fundamentos esotéricos*. São Paulo: Tecnoprint, 1989.

MARTINS, Giovani. *O Ritual de Almas e Angola em Santa Catarina*. Florianópolis: Ed. do Autor, 2006.

MARTINS, Giovani. *Umbanda de Almas e Angola – ritos, magia e africanidade*. São Paulo: Ícone, 2011.

MARTINS, Giovani. *Almas e Angola – a Umbanda catarinense*. Florianópolis: Ed. do Autor, 2008.

RIVAS NETO, F. (Arapiága). *Umbanda – o arcano do orixá*. São Paulo: Ícone, 1993.

RODRIGUES Nina. *Os africanos no Brasil*. São Paulo: Ed. Nacional; Brasília: Universidade de Brasília, 1988.

SOCIEDADE YORUBANA TECNOLÓGICA DE CULTURA AFRO-BRASILEIRA. Disponível em: <http://www.yorubana.com.br/odus.asp>. Acesso em: 23 de fevereiro de 2012.

VERGER, Pierre. *Orixás*. São Paulo: Corrupio, 1981.

O Autor

Professor Giovani Martins

- Escritor Umbandista e Pesquisador Afro-Religioso;
- Licenciado e Pós-Graduado em Geografia pela UFSC/Universidade Federal de Santa Catarina;
- Especialista em Gestão Educacional, Multidisciplinaridade e Religiosidade Afro-Brasileira;
- Professor da UNIVALI/Universidade do Vale do Itajaí/Tijucas-SC;

> Professor da Rede de Escolas Bom Jesus/Florianópolis-SC;
> Coordenador Geral da UNIAFRO Gestão 2011-2013/Grande Florianópolis-SC.

> **Autor dos Livros:**
>   • *Ritual de Almas e Angola em Santa Catarina;*
>   • *Umbanda de Almas e Angola – ritos, magia e africanidade;*
>   • *Toque de Africanidade;*
>   • *Ciranda dos Orixás.*

> **E-mail:** giovanimartins@hotmail.com.

Ícone Editora | www.iconeeditora.com.br | (11) 3392-7771

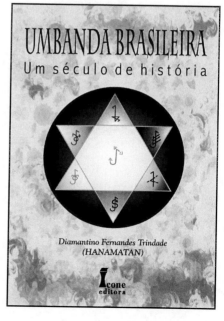

Ícone Editora | www.iconeeditora.com.br | (11) 3392-7771

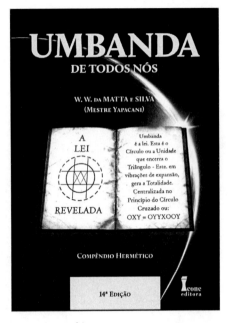
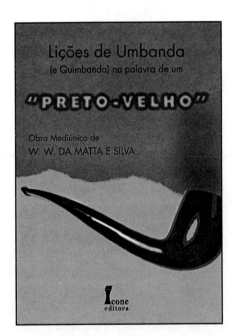
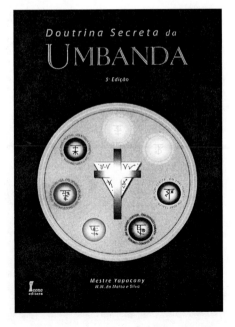